益田っこ

ありがたき不思議なり

元 正章
Hajime Masaaki

南船北馬舎

まえがき

この度、葉書通信「益田っこ」が一冊の本となって上梓されることとなりました。もう後は残り少ない76歳になって、一つの節目となるでしょう。

益田に住んで、その証にしようと書き始めた「益田っこ」でした。当初はただ書き連ねるだけであって、本にすることなど夢にも考えていませんでした。それが半年前、「益田読書会」のメンバーで、郷土作家・田畑修一郎研究家の高田頼昌氏から、「本にしてみては」という提案をいただき、その時は本気にすることなく軽く聞き流していたものですが、時が過ぎていくにつれて、段々とその気になってしまい、「そうか、それもありだな」と決意した次第です。

思い起こせば、「書く」ということが習慣化し肉体化したのは、東京に下宿したことで、神戸の友と文通したのが、そもそものきっかけでした。都会生活の空虚さを埋めるためにも、ひたすら手紙に向き合っていました。4年間に書きまとめた分量を積み重ねれば、優に「広辞苑」の厚さを超えたでしょう。しかし、それも遠い昔、半世紀以上前の青臭い物語、今や笑い話。その限り、「浜辺に築かれた砂上の楼閣となりにけり」となるのも無理からぬ話でした。そして、海を渡ってのヨーロッパ放浪か。これじゃ、「青春が美しい」とは決して言えません。でもまた、「あの時、わたしは青春を生きていた」。そのことは今も忘れないし、わたしの財産ともなって残っています。

「益田っこ」は、70歳となり益田教会に赴任してから書き始めました。当初は、会えない人へのほぼ月一回の「風の便り」。益田市民には、教会と書店「ＪＵＳＴ」の掲示板と、益田ヘルスケア推進協会の待合室に置いています。どこまで見られ、読まれているのかは、〝定かならず〟というよりも、「ムズカシイ」という声をよく耳にします。これは「説教」に対してもほぼ同じような批評、批判であって、だからといって強いて変えようともせず、それは「老いの一徹」というよりも、「青春の尻尾」のなせる業と自戒しています。

かつて、「『益田っこ』と名付けるなんて、益田の人には失礼ではないか」と、神戸の某牧師から指摘されたことがありましたが、今やここが地盤であり、骨を埋めるところ。まさに「益田っこ」として面目躍如たるところを示していかなければなりません。これからも「益田っこ」がその一翼を担っていけるように続けてまいりたいと願っています。

文中、「ですます調」と「である調」とが交互しているような文章もあり、統一した文体となっていませんが、執筆当初のままにて掲載しますことをご寛容ください。

「何を守るよりも、自分の心を守れ。そこに命の源がある」（箴言四・二三、新共同訳）

「人の歩みは主によって確かにされる。主はその人の道を喜ばれる」（詩編三七・二三、新改訳）

益田っこ　ありがたき不思議なり【もくじ】

カバー 題字・写真・カット　篠原 享

益田にやって来て

２０１７年３月28日（火）９時ごろ、神戸の自宅マンションを車で出て、その日は、義弟の住む境港市の知人宅で１泊。翌29日（水）山陰道を通って、15時ごろ益田に着きました。荷物は段ボール箱にしまわれたままだったので、できる範囲で荷ほどきしていると、夕暮れ時となっていました。その夜は、車で５分ほどの天然温泉に行き、心身の疲れをほぐしました。

30日（木）からは、早速にもご近所への挨拶回り。昼からは、教会役員の方々（５名）に集まっていただき、当面の課題について話し合いました。31日（金）は市内見学。

翌４月１日（土）は説教原稿をまとめました。当初、パソコンの接続がうまくいかず、いったいどうなることやらと不安にかられたものですが、何とかクリアできました。とはいっても荷ほどきしただけで、整理整頓はままならず、物の置き場に対しては自家薬籠中とは程遠く、その限り不如意な状態はまだ続くことでしょう。

４月２日（日）初仕事。礼拝、役員会と滞りなく終えました。かくして益田の人となるスタートを切ることができましたことをまず報告させていただきます。

日常生活は、今までとほぼ同じです。音楽を聴きながら机に向かい、自炊生活も変らず。テレビは

BSが観られたので、一安心。物価は物流の関係上、都会よりも少々高めですが、できるだけ地産地消しようと思っています。新聞は地元紙「山陰中央新報」を講読。ここでは自ずと車に乗ることが頻繁化しますが、山陰地帯を隈なく歩きまわることが同時に日本の旅にもなるであろうと期待しています。よそ者ゆえの視点を大事にしながら、この地を探っていきたいと願っています。

これは予想していたことですが、暗くなると人通りが全くと言っていいほど途絶えてしまいます。ガソリンスタンドは7時閉店、スーパーは8時閉店（4時ごろにはもう割引価格）と、ここでの生活に馴れるには今少し時間はかかるでしょうが、また馴れてはいけないと自戒するところも必要です。

就寝前の読書も、普段通りとなりました。今読んでいるのは、友人から勧められた太田愛人『辺境の食卓』（中公文庫、1981年）。有名なエッセイ、信州の牧師ということで、かつて読んだ記憶もあるやなしや。もう半世紀前の作品にもなるというのに読ませてくれます。文庫の解説には「牧師さんがこんなにエピキュリアンであっていいのかしらと不安を覚えるほどの……」と描かれています。

わたしなど、変わり者牧師の一人でしょうが、上には上がいるものでした。都会にあってはなかなかできないようなことを、ここでこそ発揮できる。それが何であるのか、今のところ定かではありませんが、「坂の上の雲」はここにあって、はっきりと天空に浮かんでいます。「死生学」についてまとめるのも、大きな宿題となっています。

それにしましても引越に際し、延総数50数名の方々がお手伝いしてくださいました。このような「腰を落ち着ける場」を与えてくださった関係者の皆さまに改めて感謝申し上げる次第です。

妻・公子の遺影を牧師室と台所に2か所飾りました。なにもキッチンの手伝いをしてくれるわけでもありませんが、毎日、食卓を同じうしている風景だけでも共有しています。クリスチャンであった彼女から直接キリスト教の伝道は受けませんでしたが、彼女と共に暮らしたことがそのままに牧師へと導かれましたし、妻の死はますます牧師として生きていくようにとの促しとなりました。かつては「水と油」のような関係だと思っていた時期もあったのですが、「水と油」だからこそ、かえって「良かったのかな」と思う昨今です。

000号　益田っこ

2017・4・1

この4月から、益田の地で働きの場を与えられました。曽根教会、甲子園二葉教会と続いて3回目の転任、15年目の牧会生活となります。70歳（古希）を迎えて、林住期に入ろうと思っていたものですが、神さまはこの僕《しもべ》をまだ用いてくださいました。であるのならば、従うほかありません。ゼロからの出発というよりも、今までやってきたことを積み重ねて、より充実化させることに尽きます。今は、いろんな想いが蘇ってきます。

「思はじと思ふ思ひを思ひにて思ひ絶えせぬ思ひをぞする」

思い返せば、今まで牧師業のかたわら、一個人として「曽根便り（月刊）」「甲子園の風（プネウマ）」を書いてきました。ということは、今回も行うということです。これは「折々の記」のようなものです。大和言葉では、言葉のことを「言の葉」とも称します。風の吹くままに、「言の葉」があなたのところにも飛びかいますように願っています。

故高崎牧師は常々「魂の癒しと心の安らぎが得られる教会、ホッとできる教会にしたい」と述べられていました。

「彼は叫ぶことなく、声をあげることなく、その声をちまたに聞こえさせず、また傷ついた葦を折ることなく、ほのぐらい灯心を消すことなく、真実をもって道をしめす」（イザヤ書四二・二、三）

なおタイトルは「二葉っこ」にちなみ、「益田っこ」にしました。

001号　ちょっと

２０１７・４・13

益田市民となって半月と経ちました。その間、主に市街地図を片手にバイクであちらこちらと回りました。道を尋ねると、皆さん親切に教えてくださいます。「ちょっと、そこ。橋を２つ渡れば、国道に出て、まっすぐに行けば小学校があり、その角を曲がれば、すぐ」との返事。それがなんと、行けども行けども着きません。方向は正しいのですが、車でも15分以上かかりました。「ちょっと」という感覚が、そもそもずれていたのでした。またこちらでは、約束の時間よりも早く着いているのが慣習らしく、時間通りに着きますと、「もう、終わっていた」ということも無きにしあらずと、アドバイスを受けました。

当初、役員さんから「のんびりと、やってください」と言われていました。たしかに、ここではどこか時間が止まっているような温和な気風があります。

「益田市歌」によれば、「潮の香ほのかに　波音を聞く　おだやかな光のなかに　昨日とおなじ街がある。浅瀬で輝く　水を手で汲む　さわやかな空気のなかに　今日がはじまる街がある。夕暮れ静かに麓をつつむ　ゆるやかな流れのなかに　明日をむかえる街がある」（『益田ふるさと物語』より）。

知人より贈られた「人間《じんかん》いたるところ青山《せいざん》あり」を気にいっていました。青山《せいざん》とは、青い山脈を指していると思っていたのですが、なんと「死んで骨を埋める場所」の意味。ちょっとどころか、大きく誤解していました。なお人間《じんかん》とは、人生、世の中の意。

002号　いってかえり

2017・4・30

「いってらっしゃい」と言うところを、石見地方では、「いつでも帰っておいで」という気持ちを込めて、「いってかえり」と言います。むかし鹿児島では、岸壁から離れていく船を見送るのに、「おもうわよ」と手を振って、別れを告げたそうです。なんとも郷愁を募らせるような温かい、血の通った日本語（方言）です。

1か月前、甲子園をあとにするとき、誰ともそうした挨拶を交わしませんでしたが、心の中では、今も「いってかえり」「おもうわよ」の余韻に包まれています。それはそれで大事に温めていたいと願っています。これが半年、1年と経てばまた変らざるを得ません。「時の流れに身を任す」までのことです。

日が暮れると、あたりはまったくと言っていいほど、静かになります。そして部屋の中では、7時からTVニュースを観ながら夕食。独り居の生活も3年近く経てば、もうベテランの領域です。今までもBSはよく観ていましたが、最近ではEテレをよくつけるようになりました。これなど齢のせいとしか言いようがありません。いや待て。教会員の皆さんは、私よりも高齢の方が多いので、まだまだここでは若造です。「新しい風を吹かせてほしい」との要望を聞きました。今さら「ヤングOh!」でもありませんが、O型の人間らしく（どういうことか？）振る舞うことになりそうです。いずれにしろ、足を地につけて、寄り添いながら、気長に歩むことです。いつの日か、皆さんから「いってかえり」と呼ばれるような牧師に、「わたしはなりたい」。

003号　風の人（夢みつつ深く植えよ）

２０１７・６・５

地域紙「山陰中央新報」によれば、「風の人」とは、その土地で生まれ育ち、地域のことをよく知る「土の人」に対する反対語として用いられている。地元の人は存外「灯台もと暗し」というか、地元のことは馴れっこになってしまって、その恩恵に魅力を感じないものだが、そのことを気付かせてくれるのがIターン者を含めた「風の人」であるとする。そして「風」と「土」とが合わさって「風土」となるのだと。いかにも、もっともな考えではある。「風の人」と「土の人」との出会いと交流を模索していけば、そこから「里山文化」のような異種の文化が生まれてくる可能性はあるだろう。しかし、地元から発信される情報なり地域起こしはマンネリ化し、アナクロニズムの域を出ていない。要するに、郷土愛・郷土文化の中で自己充足する傾向にある。そこがなんともわびしいし、やりきれない。ホタルは乱舞し、満天の星は輝くのに、そこには「風に立つライオン」がいない。

「風の人」イエスが、そうであったと、ふと思う。

「風は思いのままに吹く。あなたがたはその音を聞いても、それがどこから来て、どこへ行くかを知らない。霊から生まれた者も皆そのとおりである」（ヨハネ三・八）。そういえば「フーテンの寅さん」にも、そうした一面があったな。「じゃ、また、夢の続きを見るとするか」

『夢みつつ深く植えよ』は、『独り居の日記』の著者メイ・サートンの書名でもある。この本を、「草花舎」（ギャラリー喫茶）で見つけたとき、益田の土を海を川を星を、そして人を抱きしめたくなった。

004号　犠牲（サクリファイス）

２０１７・６・29

6月18日（日）牧師就任式を終えました。それは同時にスタートを意味しています。なにせ遠方ゆえ、また益田市には教団の教会がここしかなく、50キロ、１００キロの距離など、〝ちょっと〟という感覚の土地なので、54名の参加者があったことは〝有り難き哉〟でした。

遠方からは9名参加。遅くまで語り合い、その晩は泊り。翌日皆さんが帰り、独りとなって、いつもの夕餉。ある人から、「お淋しくなったでしょう」と言ってくれたことに対して、「別に……」と返事したものの……。そうなんです。寂しいなんて言っておれないのが、この仕事のいいところです。そういえば、公子の死のときも、そうでした。葬儀の翌々日の礼拝も守ったのでした。ただ「お淋しくなったでしょう」と言ってくれたことが、嬉しかった。

１７５通以上の欠席通知があった。姿は見えねども、一人ひとりの気持ちは伝わってきます。

柳田邦男『犠牲《サクリファイス》　わが息子・脳死の11日』（文藝春秋）を読んでいます。誰もがいつかは迎えることになる「二人称の死」。なぜ、自分ではなかったのか。誰かの、何かの犠牲の上に立って、今こうして生きていることは確かなのです。よくよく考えなくても、「自分って勝手だな」と思わざるをえません。冷蔵庫の上と牧師室に飾っている妻の遺影が、今夜もこう語りかけてくれます。「あなた、変わらないね」

寅さんの科白「生きてる？　そら結構だ」。それがなんともいえず慰めとなる年ごろです。

「赤とんぼじっとしたまま明日どうする」（風天）

005号　犀の角のようにただ独り歩め

２０１７・７・29

今も旅の途上である。この夏、２か月の休暇を林住期にあてがい、独りの旅人としては、フーテンの寅さんや山頭火の世界を歩もうとしていました。実際やってみると、分け入っても分け入っても、現実の世界から免れることはできず、遊行者となることなど、およそ叶わぬことでした。

それでも「旅は自分がどんな人間であるか、を知るチャンスである。ともかく、旅に出てみることである。そして、自分の心の中の『豊かさ』の程度をまず知ってみることである」（岡田喜秋）という文章には大いに納得させられたものです。

7月18日から24日までは、「みちのくの旅」（花巻、八戸、八甲田）を体験。賢治さんの跡、種指海岸、奥入瀬渓流を、ただひたすら歩き続けました。すると自ずから1日2万歩以上を課していました。酷暑の中、雨の降る中、歩くこと自体が目的となるような旅人でした。

「犀の角のようにただ独り歩め」（『スッタニパータ』）。奈良の友人（インド哲学学徒）を訪問したとき、このブッダのことばを教わりました。また偶然にも、花巻の食堂に置かれていた雑誌『つるとはな』を目にした時、その中にも同じ言葉が紹介され、「優れた友が見つかったのならば、ともに歩め。そうでなければ独りでいるほうがよっぽどましだ」と付記されていました。今回の旅の秘めた想いには、「あなた」を求めていました。一歩前に踏み出した時、そこには「あなた」が、ともにいてくれることを願っていました。

006号　祝 はじめは おわりの はじめです

2017・8・26

このタイトルは、甲子園の地を離れるとき、読書会のメンバーが寄せてくれた言葉でした。そのときは、語呂合わせの妙味を感じたものの、それ以上深く考えることはありませんでした。

今、2か月間もの旅の終わりを迎えようとして、「祝 旅のおわりは 生活のはじめです」に切り替えなくてはなりません。「益田の人になる」。そのための覚悟を確認するための旅でもありました。この年（古希）にもなって、今更リセットでもないでしょうが、「おわりははじめの第一歩」でもあるのです。「人生をやり直す」というのではなく、「生き続けよ」という促し（コーリング）を感じるのです。

旅の途上にあって、出会いがありました。それは、期せずして与えられた恩恵のようなものと言っていいでしょう。「こうして、ここにやってきて、こうして生かされていることのありがたさ」（神谷美恵子『人間をみつめて』みすず書房）を噛みしめるばかりです。「人間は一つの目標のために力をあわせるときに、最も深くむすばれるものなのだ」ということを実践していくことが、これからの課題であり、責務です。そのために欠かせないのは、「素朴な存在」です。「生命を支えるものは死をも支え、地球や銀河系や宇宙全体を支えるものだ」。これを「大自然の摂理」と呼ぶのでしょう。そして、人は変わらずに、「その向うには何が……」と求め続ける生き物なのでしょう。

「迷い出た放蕩息子たる羊飼い」の旅も終わりです。その間、教会を支え続け、迷わずにいてくださった教会員の皆さまに感謝します。

007号　プロセス（人生の一行路）

2017・10・1

25日から3泊4日で、白内障両目の手術を無事終えて、我が住み家（牧師館）に帰ったときは、ほっとしました。数年来引き延ばしてきたことをやっと果たしたことで、そこに満足感というよりも、避けてはならない一点を通過したということで、安心感がまず先にありました。「無事に戻れた」。これは曰く形容し難い素直な感情です。

かつて精神科医のなだいなだが、「無事とは、事も無くという意味であり、なにか事があってこそ人生生きるに価するのである。何も無いような事なら、最初からしないほうが良い」といったようなことを語っていたと記憶しているが、そこにある種の傲慢さを感じるようになるのは、年のせいかもしれない。いずれにしろ、無事、帰還することができた。それだけで、幸いであった。目が見えるということは、当り前のことであり、生きる上での前提でもある。もし失明したらどうなるのか、そんな取り越し苦労をしてみたところで、どうなるわけでもないのに、ふと不安がよぎった。今は感謝したいと静かに思ふ。

入院中、読書するのが困難ではあったが、それでも神谷美恵子『生きがいについて』（みすず書房）を読んだ。「愛については多くの美しいことばが語られている。しかし、愛を語るどんな美しいことばよりも、現実に辛抱づよい、思いやりにみちた愛の姿を発見するとき、私たちは驚きとともに愛の存在の可能性を確認するのである」。手術中、愛の祈りに身を委ねることで、なされるがままに身を横たえていた。

008号　改めて問う、あたりまえのこと

2017・11・1

白内障の手術後、新たにメガネを作り直して、以前よりはよく見えるようになった。今では、この状態があたりまえ。ひととき人知れず恐れた失明の恐れなど、どこか遠くに吹っ飛んでしまっている。〝現金なものだ〟と自分でも呆れかえりながらも、どこかで〝守られていた〟という意識があり、感謝の念に浸されている。「もっと、本を読んでもいいんだよ」という無言の促しでもあった。

先般、竹馬の友の訃報を知らされた。それも、死後数か月も経ってから。ガンではあったが、元気ではあったのに……。死は、不意に訪れる。それが現実、しかも身近に迫って来ている。いつ、我が身にとなるや知れない。

「人間一生のこころの旅は、一生の終り近くなって初めて好ましい旅であったかどうか云々できるのだと思う」（神谷美恵子『こころの旅』日本評論社）。真の愛とは、「さまざまな人と出会い、互いにこころのよろこびをわかち合い、しかもあとから来る者にこれを伝えていくようにすること」。また、そのように人は造られているのだ。

これが「神の似像（イマゴー・デイ）」と、私は解釈したい。そして、言うまでもなく「あまり大切なことは、ことばで多く語るべきことではないように思われる」。そうであろう……。

「寒き夜や我身をわれが不審番《ねずのばん》」「エイヤッと活《いき》た所が秋の暮」（一茶）を、しみじみと味わう一人寝の侘しさでもある。日常生活のほんのりとした温もりに、我が身を憩いたい。

009号　あいたくて

２０１７・12・1

だれかに　あいたくて　なにかに　あいたくて　生まれてきた
そんな気がするのだけれど　それが　だれなのか　なになのか　あえるのは　いつなのか
おつかいの　とちゅうで　迷ってしまった子どもみたい　とほうに　くれている　それでも　手
のなかに　みえないことづけを　にぎりしめているような気がするから　それを手わたさなくちゃ
だから　あいたくて

（工藤直子「あいたくて」）

心ときめき、わくわくするような気持ち。それでいて、どことなく不安で、待ちきれないような、どきどきした気持ち。待ち望む気持ちが強ければ強いほど、余計に心配してしまいます。それは、わが子の誕生を今か今かと待ち望む若い夫婦の気持ちと同じでしょう。幸福感というのは、ほんの些細な一瞬に宿っているようです。それでいてながら、はかなくも消えてしまうのではなく、またよみがえってくるのです。この齢になって、ホームシックでもないですが、ふるさと回帰みたいなものに、ふと囚われます。それはここ益田の地が、日本の原風景をいまだに遺していることにも起因しているようです。

ここ山陰の風土は、海と山に囲まれた六甲の麓で暮らした人間にとって、自分の裏面（それはまた、本質かもしれない）を新たに眺めるようにと促されます。「生きよ」という風の声に研ぎ澄まされます。「Let it be」（あるがままに、そのままに）
「おめでとう、恵まれた方。主があなたと共におられる」

010号　謹賀新年 はじめに…

２０１８・１・１

神戸、高砂、西宮を離れ、山陰の地・益田に住んで、はや9か月と経ち、「益田っこ」も10号となりました。新しい年を迎えて、まずは「はじめに……」と挨拶をさせていただきます。この地にあってはじめること、この地ならばこそはじめられること、残された人生、可能な限り、そのことを追い求めていきたいと願うものです。

ある詩人が謳いました。「真実というのは、いつもひどく平凡だ」わたし（たち）にとって大切なものとは、「なくてはならないもの。何でもないもの。なにげないもの。ささやかなもの。なくしたくないもの。ひと知れぬもの。いまはないもの。さりげないもの。ありふれたもの」（長田弘『死者の贈り物』みすず書房）。

この年になって、この年になったからこそ、しみじみと身に沁む感慨に浸されます。「誰のためでもなく、誰のものでもないことば。けっして語ることをしないものらが語ることば。どこにもない傷口から流れ出すことば」を、この益田の地にあって、紡いでいくようにと促されています。「まちのともしび。心をつかむ～心の居場所（とまり木）。癒しの家」。そこが、益田教会となりますように、祈り続けます。あの〝紫露草〟のように。

ひと気のない道端に　紫の涙のしずくが　こぼれている
やさしい心が　地に捨てられたように
小さき者だから　誰も返り見ない　小さき者だから　より神様に愛される

011号 降る雪や

２０１８・２・１

「神エホバの約束の象徴として、天と地のはざまにかかるものが虹ならば、雪は、このかぎりなくうつくしい純白の雪片は、やはりはるかな天をあこがれる地上のひとにおりてくる天からの手紙なのでありましょうか」（中谷宇吉郎）

全国各地が寒波に襲われたころ、ここ益田の地も雪景色に覆われ、雪だるまがいくつも造れるほどに積りました。やはり「阪神間とは違うなあ」と、妙に感心し、しばし白銀の世界に見とれていました。もっとも、こと生活となると「ホワイトアウト」であって、抒情的になれるはずもなく、車の運転には気を遣い、歩くのも難儀しました。礼拝日当日の初仕事が、玄関前の雪掻きとは、想像だにしていなかっただけに、なんとも言えず胸踊っていました。何人かの友から、心配してか電話やメールをいただいたりしたのも、嬉しい貴重な体験でした。

25日放映のNHK・BS「てつたび 宗谷本線へ」を観ました。「北国の暮し」。その自然環境がどんなに厳しいものであろうとも、北国だからこその生活がまた、その人の人生を色彩り、決定さえしているのです。そうした文脈の上で、「神は言われた。『光あれ』」（創世記1章）という言葉がどんなに輝いていることか、ここに〝感動〟の原点みたいなものがあるのです。見て見ていない、聞いて聞いていない、多くの人が忘れ去ろうとしているものを、これからもずっと追い求めていきたい。道は無限に続いているのだから、死をも越えて……。

「降る雪や想いはてなきことばかり」（喜平）

012号　風立ちぬ（We have a dream）

2018・2・26

「風は南に吹き、また転じて、北に向かい、めぐりにめぐって、またそのめぐる所に帰る」（伝道の書一・六）

「きてみんちゃい」（2017年5月24日の私信）に、「旅の終りは、まだ見つからない。しかし、私たちは、旅に行った場所に、また〝帰りたい〟と、思うことがあるのです」と、益田市のパンフレットを引用して、山陰の地での生活を楽しんで過ごしたいと記しました。

この益田市に住んで、はや1年近くを迎えます。昨夏2か月の旅は、「あなた」に出会いたく、帰るところを捜し求める旅でもありました。北は青森、南は奄美と歩き回りましたが、青春時代の2年半以上にも及ぶヨーロッパ放浪生活とは比べようもなく、所詮は、風来坊なる「旅の一里塚」でした。また予期した旅程でもありました。

「川から海へ、海から空へ、空から大地へ」。そして今、この地に落ちつこうとしています。人生後半の旅路は、暮れなずむ夕日ではなく、朝焼ける朝日を浴びつつ、時には「風の人」、時には「土の人」、そうして同労者と一緒に、「風土の人」になれればと願っています。

新たなる旅路（旅の終りは、旅の始まり）に向けて、「風立ちぬ、いざ生きめやも」であります。

「かぜとなりたや　はつなつのかぜとなりたや　かのひとのまへにはだかり　かのひとのうしろより
ふく　はつなつのはつなつの　かぜとなりたや」（川上澄生『初夏の風』）

013号　これらのちひさなものがたり

2018・3・20

先日、奈良の友から、賢治さんの『イーハトヴ童話　注文の多い料理店』の〝序〟の手書きが送られてきました。もしこれが活字印刷であれば、さほど魅かれることはなかったでしょう。「なんのことだが、わけのわからないところもあるでせうが、そんなところは、わたくしにもまた、わけがわからないのです」

古希を過ぎて、これからの人生を歩んでいくに際して、ここ益田の地を選びました。「小さき者の存在」と、どこまでもつきあっていこうとするのならば、ここは都会よりも、そのような群れに触れあう機会が嫌と言うほどあります。「大衆の原像」を捜し求めていた学生時代の自分とは既に訣別を図ったというのに、この年になって、またその奥底に降りていきたい気持ちになりました。

「わたくしの生きている世界は極限的にせまい」（『苦海浄土』）と、石牟礼道子さんは書いています。世の規範からはみだしている世界、そうならざるをえなかった人生とどこまでも向きあうこと。それはまた、「人の子は、失われたものを捜して救うために来たのである」（ルカ一九・一〇）。イエスの生き方でもありました。一人の田舎牧師として、この地を宣教の場として与えられたのは、何ものにも代え難い僥倖《ぎょうこう》です。そしてなおかつ、そばに居てくれる人との出会いにも巡り会えました。

「けれども、わたくしは、これらのちひさなものがたりの幾《いく》きれかが、おしまひ、あなたのすきとほったほんとうのたべものになることを、どんなにねがふかわかりません」（大正十二年十二月二十日）

014号　益田の祝婚（折を得ても、得なくても）

２０１８・４・13

4月8日（日）益田教会にて、80余名の会衆を前に婚礼を挙げました。この年にして、晴れやかな場、ひと時を味わうとは想像だにしていませんでした。また祝電、手紙、メールなど優に１００通を超える祝福の嵐を浴びるとは、神様のいたずらとも感じるほどに、「くすしき恵み」（アメージング・グレース）でした。「思えば過ぎにし　すべての日々、苦しみ悩みも　また恵み」（讃美歌４５１）

式辞では「愛は目に見える形ではなく、私たちの内にとどまっています。神さまが私たちの心の中に宿るとき、愛するという喜びに充たされるのです」と語りました。「愛と信頼」の尊さ。あとは、その実践あるのみです。

これで、名実ともに「益田っこ」となります。益田弁は理解できても、おそらくこれからも喋れない「神戸っ子」であっても、「幸い住むと人の言ふ」この益田の幸町の地に、「人間至る処 青山あり」。神戸の詩人・俳人の仲間たちからは、「祝婚歌 元正章さん 澄川直子さんへ」が贈られてきました。

「石見なる大樹に添ふや桃の花」「春の日は言葉のなかを進む人の背中を押す」

「愛の交わりを紐解く福音の書を手にした顔」

「今あなたはどの道を進むとも　人のあはれさを見つめ　この人たちと共に　かならずかの山の頂に至らんと誓ひ給ふならば　何とて私とあなたとは行く道を異にして　居りませうや」（宮沢賢治）

015号　うららか（麗か）にうちとけ給へば

2018・5・12

晴れやかなる結婚式を挙げて、1か月以上も経ちました。その間、もっぱら報告の返事に明け暮れていました。連休は、一人神戸に帰り、多くの友と旧交を温めました。そして、ようやく日常生活に戻っています。益田の水と空気の中で暮らしています。これからが、スタート。

山陰、裏日本といえば、どうも暗い、陰鬱な印象を与えがちですが、「うら」は、もともと「心」を表す古語です。心は目に見えず、隠れているから「うら」。その反対に、見えているものは「面《おも》」。「心恋」は、心の中で淡く抱く恋心、「うらごい」とも読みます。「うら悲し」「うら寂し」という言葉にも、どこか陰影ただよう〝あわい〟を感じさせます。「うら」から、「うらうら」「うらら」「うららか」という言葉も生まれました。「柔らかい日差しがあふれて、明るく静かなさま。こころのどかな、のんびりしているさま」（岩波古語辞典）。隠しごともなく、心そのままの状態。「うら」なればこそ、「うら」に心を注いでこそ、うららかに過ごせるのです。

「あなたの方からみたら　ずゐぶんさんたんたるけしきでせうが　わたくしから見えるのは　やっぱりきれいな青ぞらと　すきとほった風ばかりです」（宮沢賢治『疾中』「眼にて云ふ」）

「わたしたちは見えるものではなく、見えないものに目を注ぎます。見えるものは過ぎ去りますが、見えないものは永遠に存続するからです」（コリントの信徒への手紙Ⅱ四・一八）

016号　人生の道すがら

２０１８・５・30

「神はお造りになったすべてのものを御覧になった。見よ、それは極めて良かった。夕べがあり、朝があった」（創世記一・三一）

神さまのお造りになったもので、無駄なもの、余計なもの、良くないものは何一つないのです。「すべてのもの、それは極めて良かった」。そして、昨日も今日も明日も、一日一日と明けては暮れ、暮れては明けるのです。その世界の設計図、リズムには寸分の狂いもありません。大自然のいのちに目を留めれば、そこには人間による区別や差別などありません。みんなそれぞれ自分の置かれたところで生きています。思い煩うこともなく、ありのままの姿で咲き誇っています。

人間の計らいとはまた違ったところで流れている時間に身を置けば、「永遠に生きるいのち」のようなものに触れることができるのではないでしょうか。「夕べがあり、朝があった」。この天空の定められた運行と、何気ない日々の営みとは、もともと同じ軌道の上にあったのではないでしょうか。年を取る、重ねるとは、なにも衰える、劣化すると捉えるのではなくて、それもまた自然の摂理の一環であって、また元のところにと還っていく〝道すがら〟といったようなものではないでしょうか。

「夕暮れには涙が宿っても、朝明けには喜びの叫びがある」（詩編三〇・五、新改訳）

「『なるやうになれ。どうでもなるやうになれ。流れろ。流れろ。流れろ。』

ひとりでに流れる力は不可抗です。たゞし　これからの流れやうは　きめなければならない」（宮沢賢治『書簡（大正八年）』）

017号　天の病む

２０１８・７・１

「わが生に、受苦の日々を刻んだ先人たちの、また、自己を主張することなく、与えられた生を生き抜くことのほか生きる術をもたなかった人々の悲しみが『花』に宿る。その『花』から放たれる悲しみの光を、現世で行き場を失った者たち、『寄る辺なき今日の魂』たちが、明日を生きるための灯としたい、と石牟礼は歌う。

花や何　ひとそれぞれの　涙のしずくに洗われて　咲きいずるなり　花やまた何　亡き人を偲ぶよすがを探さんとするに　声に出せぬ胸底の想いあり　そをとりて花となし　み灯りにせんとや願う」（若松英輔『常世の花 石牟礼道子』亜紀書房）

石牟礼の世界には、『閑吟集』『梁塵秘抄』の俗謡の響きがある。「遊びをせんとや生れけむ、戯れせんとや生れけん、遊ぶ子供の声きけば、我が身さえこそ揺るがるれ」の響きが胸を打つ。「祈るべき天とおもえど天の病む」の句に接すると、天国のイメージも変わってくる。天もまた病んでいるのだと。まさに「苦海浄土」である。

昨今の宣教原稿で、「徴税人の祈り」を４回まとめた。自分はあのファリサイ派のように、「自分は正しい人間だとうぬぼれて、他人を見下している人々」ではないかと内面化してみた。テーマは「へりくだり」。「だれでも高ぶる者は低くされ、へりくだる者は高められる」。それが、今日のご時世といったら、どうなのだろうか。言葉を失う。

「まことのことばはここになく　修羅のなみだは　つちにふる」（宮沢賢治『春と修羅』）

018号　あわれ（ああ、われ）

２０１８・７・20

猛暑、お見舞い申しあげます。

全国的にうだるような暑さが続いている中、山陰の夏を過ごしています。昨年の今頃は、みちのくの旅の途上にありました。人生の旅の終りを、ここ益田に定めて、幾月か経ちました。70年の歳月をほぼ山陽の地で過ごしましたが、残りの人生を〝さんいん sun inn（陽のお宿）〟に賭けます。

４年前の公子の死に遭わなければ、決して辿りつくことのなかった〝めぐり逢い〟は、再婚という形でも実を結びました。「さびしき　われ」はどこにいようと、なにをしようと、終生つきまとうことでしょうが、「彼方からの誘い」に身を任すことこそ、余生を充実させるのではなかろうかと思う昨今です。

「あわれ」とは、本居宣長に云わせれば、「ああ、われ」と、ため息ともつかぬ心情を吐露した表現とか。「ああ、かなしや」「Alas」という詠嘆詞は、聖書でも幾度も現れています。

「ああ」としか言葉にも表し得ない出来事と、どこまで向き合えるのか、言葉をも奪われた現実の厳しさを、どこまで「われ」のこととして関わっていけるのか、その道のりが、一牧師としての最後のご奉仕となりますようにと祈るばかりです。人は弱い、あわれな存在である。また不条理な世でもある。だからこそ、彼方からの聲に、静かに耳を傾けていたい。

「誰が許して誰が許されるのであらう。

　われらがひとしく風で　また雲で水であるといふのに」（宮沢賢治『竜と詩人』）

019号　いたしいけ

２０１８・８・25

「なぜやめたんですか。ぼくらならどんな意気地ないやつでものどから血が出るまでは叫ぶんですよ」（宮沢賢治『セロ弾きのゴーシュ』）

賢治さんの詩句を引用しつづけています。賢治さんの本をしっかりと読んだわけではないのですが、彼の呟く言葉が胸の奥に留まり続け、魂のバイブレーション（震え）を引き起こしています。もしもイエスが東北の地に生れ育ったのならば、阿修羅のごとく、同じような〝慟哭〟の言葉を吐いたことでしょう。「まことのことばはここになく　修羅のなみだはつちにふる」（宮沢賢治『春と修羅』）

こちらに住んで、よく耳にする言葉があります。「いたしいけ」。「苦しい、辛い、だるい、せつない、気が重い、うっとうしい」など、体調がすぐれない時に、よく用いられています。関西弁の「しんどい」とは、また違ったニュアンスが込められて、「いたしい」と言われると、「どこか悪いんだろうか」と、思わず心配したくさせます。この〝心配〟という言葉も、「不安、思いわずらう」という意味よりも、「心遣い、気配り」といった〝他者への配慮〟といった側面の方が強く滲み出ていて、そこに一種の「同病あい憐れむ」ような身内意識が秘められています。いつか私自身が、「いたしい」と素朴な感情を素直に吐露できたとき、皆さんの仲間に入れてもらえることでしょう。

「いったいどんなものがきたなくてどんなものがわるいのでせうか」（宮沢賢治『イーハトーボ農学校の春』）

020号　未明の祈り

2018・9・27

月末、今井和登牧師記念礼拝と小島十二牧師の前夜式に出席するため、帰省しました。神戸またはその周辺に住みなれて、ほぼ60数年過ごしてきただけに、友人・知人の多くはこの地に集まっているため、たんに懐かしさだけでは収めきれない想いを後にして、益田に帰ってきました。音楽を友にしての独り運転、約6時間の行程、来し方・行く末などあれやこれやが頭の中をよぎっていきます。

八木重吉の詩「ゆきなれた路の　なつかしくて耐えられぬように　わたしの祈りのみちをつくりたい」。「祈りのみち」を歩むには、いささか「汚れっちまった　悲しみ」の道を歩み進んでしまいましたが、ここまで生かさせてもらって、これまでの〝恩返し〟はどこかで果たさなければいけないと思い願い、祈っています。ある日、益田の喫茶ギャラリー「うつわ」で、ふと目にした色紙の言葉の前で、しばし佇みました。〈「歩」は「止」と「少」から出来ています。少し止まっては祈る。祈ってはまた少しだけ前に進む。それが「歩く」ことなのだろう〉

瀬戸内の海を眺めてきた人生、これからは日本海の荒海が日常の風景となります。明治の夭折のロマン派歌人・前田純孝の「海の碑」には、「いくとせの前の　落葉の上にまた　落葉かさなり　落葉かさなる」の句が刻まれています。結核に病んだ残り少ない命を、「落葉」に重ね合わせた心象風景が、静かなる祈りへの道へと導いてくれます。「なにもない、なにも未だ明らかでなし」という「未明《みみょう》」の路を意識しながら歩んでいくことになるでしょう。「あなたにとっては、やみも暗くなく夜は昼のように明るいのです。暗やみも光も同じことです」（詩編一三九・一二、新改訳）

021号　ほぉー、そがーなことがあったんかね

２０１８・11・１

「上のそらでなしに、しっかり落ちついて、一時の感激や興奮を避け、楽しめるものは楽しみ、苦しまなければならないものは苦しんで生きて行きませう」（宮沢賢治『書簡（昭和八年）』）

「なれども他人は恨むものではないぞよ。みな自らがもとなのじゃ。恨みの心は修羅となる。かけても他人は恨むでない」（同『二十六夜』）

神戸に住んでいた時も、同じような気持ちで過ごしていました。ここ新天地・益田に住んだからといって、長く沁みついた考え方、生き方を変えることは甚だ困難なことです。とはいえ、ここの住民として生活する場合、いついつまでも〝よそ者〟としての意識を守り続けることに、どこか不自然さを否めないところが出てきます。その限り、キリスト教は、よそ者の宗教として見なされ、距離を置かれてしまいます。さりとて「郷に入れば郷に従え」というのでは、「ミイラ取り」になってしまい、牧師として〝たいがたー〟（恥ずかしい）限りです。

では、どうすべきか。その際〝ちょうどしとりんさい〟（じっとしときなさい）ではどうにもなりません。「まぁ、あんたーよう来たねぇ。ゆうにして（のんびり）、いきんさいよー」と、お家に招かれるようになってこそ、第一歩です。そこで「ほぉー、そがーなことがあったんかね。そりゃーええ勉強になったねぇ」と〝くじゅうくられながら〟（説教される）、こちらはこちらで「キリスト教もまた、ええもんですよ。一度教会に来てみんしゃい」と、〝くじゅうくる〟ようになれば、〝せーがえー〟（張り合いがある）というものです。

022号　ぼくはきっとできるとおもふ

2018・12・1

「病んでゐても　あるいは死んでしまっても　残りのみんなに対しては　やっぱり川はつづけて流れるし　なんといふ　いゝことだろう」（宮沢賢治『春と修羅 第三集』「白菜畑」）
「ぼくはきっとできるとおもふ　なぜならぼくらがそれをいま　かんがへてゐるのだから」（同『ポラーノの広場』）

喪中葉書の届く時期となりました。あの人が……、懇意にしていた人がこの世から消えていきます。時の流れとともに、一人またひとりと去って逝きます。いずれ、わが身にと降りかかってくることでしょう。その以前に、老いは病となり差し障りとなって身近に迫ってきています。それにしても、かつて血気盛んに口角泡を飛ばしたあの勢いはどこにいったものか、寄る年波に勝てずとはいえ、高齢者の関心事が、健康と孫自慢というのでは情けない限りです。振り返ってみて、自分のやってきたことを考えると、その多くは泡沫の如く過ぎ去っていっています。しかしまた、何人かの人とはつながっていました。その関係性の中で、自分という人間が活かされていました。

ユダヤ教には、「残りの者」という概念があります。「しかし、それでも切り株が残る」（イザヤ書六・一三）。自分という存在はなくなっても、この世の存在のすべてが自分であると思うのならば、それは「なんといふ　いゝことだろう」。どんな苦境にあろうとも、ぼくがぼくらとなるとき、そこには希望があるのです。困難を乗り越えていくことができるのです。なぜならそれをいま、かんがへてゐるのだから。

023号　え丶、さうです

2019・1・1

「たゞいちばんのさいはひに至るために　いろいろのかなしみもみんな　おぼしめしです」（宮沢賢治『銀河鉄道の夜』）

「え丶、さうです。本たうはどんなものでも　変わらないものはないのです」（同『めくらぶだうと虹』）

新天地・益田で2回目の正月を迎えます。それも、終の棲家とすべく、妻をめとりました。とはいえ、そこで何もかも新しくとは、今さらできるはずもなく、古きを背負い続けていることには変わりない。遠きを想えば、ふるさとを離れて上京したとき、中野重治の「歌のわかれ」ではないが、「お前は歌ふな　お前は赤まゝの花やとんぼの羽根を歌ふな。風のさややきや女の髪の毛の匂ひを歌ふな」を刻もうとしたものだが、なんのことはない、ちっとも別れようとはしなかったばかりか、「お前は歌うことをやめなかった」。その前歴にならえば、異邦人であるほかないだろう。「よそもの、ばかもの、わかもの」。それを徹底できれば、それもまた〝よし〟となろう。

賢治の詩句を座右の文にして久しい。「本たうはどんなものでも　変わらないものはないのです」。この言葉に触れて、肩の荷が軽くなっている。「え丶、さうです」と、ここ益田の体験を踏まえて、私も秘かにうなずきたい。そのためにも、益田の友、仲間がいてこそ、地に足をつけた活動が可能である。「私が呼んだその日に、あなたは私に答え、私のたましいに力を与えて強くされました」（詩編一三八・三）。主の御心がこの益田の地にあまねく浸透しますようにと祈るばかり。

024号　風は思いのままに吹く

２０１９・２・１

「じつにわたくしは　水や風やそれらの核の一部分で　それをわたくしが感ずることは　水や光や風ぜんたいがわたくしなのだ」（宮沢賢治『春と修羅』）

「おもかげをわすれかねつつ　こころくるしきときは　風とともにあゆみて　おもかげを風にあたへよ」（尾崎翠『歩行』）

益田市の小高い丘に「万葉公園」があり、「太陽の広場」と名付けられた芝生の上を時おり散策しています。紺碧の日本海を背にして、「水や光や風ぜんたいがわたくしなのだ」とは言い切れませんが、ここには都会とは違った水や光や風を感じます。また満天の星とまでは形容できなくとも、やはり都会の空では見ることのできない星座が冴え冴えと輝いています。のんびりと余生を過ごすのに、ここは確かに「人生の楽園」かも知れません。

民俗学者の谷川健一は、亡くなる前に「頑張っちゃいけない、遊びなさい」と、姪に言ったとか。その弁や「幼な心を忘れるな」ということでもあろう。「心を入れ替えて子供のようにならなければ、決して天の国に入ることはできない」（マタイ福音書一八・三）。心を入れ替えるためには、世も世にあるものではなくて、目に見えない何かに導かれることが求められる。そこが「魂の原郷、天の国」ともなるのだが、「懐郷心の間歇遺伝」（折口信夫）が噴き出してくる。「おもかげをわすれかねつつ」そこは、世も世にある欲としか言いようのない世界（コスモス）である。

「風は思いのままに吹く」（ヨハネ福音書三・八）

025号　随人観美 全人皆神

2019・3・5

「すべての才や力や材といふものは　ひとにとゞまるものでない　ひとさへひとにとゞまらぬ」（宮沢賢治『春と修羅 第二集』「告別」）

「随人観美　全人皆神」（人に随って美を観ずれば、全人皆神なり）。これは、「人間が生まれてくるのは偶然ではなく、神の心をもって生まれてきている」というキリスト教思想で教鞭に立たれた原田実の造語「随人観美」に、松原泰道（臨済宗住職）が付け加えた言葉です。

「随処作主　立処皆真」（随処に主と作《な》れば　立処みな真なり）

「どこに居ようとも、その処で主体性をもって働くのならば、その場にありて真理を見出す」とでも解釈できるでしょうか。「内にコスモスを持つ者は、世界の何処の辺遠に居ても、常に一地方の存在から脱する」（高村光太郎）にも通じる〝道〟です。そう言われれば、イエスさまもガリラヤという辺遠の地にて、神の国の到来という福音を宣べ伝えていたのでした。「時は満ち、神の国は近づいた」と。

　益田の地に足を下ろして、3年目の春を迎えようとしています。

「秋好、大賀、大畑、城市、澄川、田原、寺戸、増野」という苗字は、「中島、齋藤」も含めて、益田に多い名前であり、その全ての人とは知己となり、親交を深めています。また人との交流だけではなく、自然に触れることで、〝無辺の精神〟に学んでいます。本来、「ひとさへひとにとゞまらぬ」ものなのです。「われらに要るものは　銀河を包む透明な意志　巨きな力と熱である」（宮沢賢治）を噛みしめて、70代・第二の青春を駆け上がりたいと願うものです。

026号　年輪、日日是好日

2019・4・1

「この大木の　切り株は　自分の年輪が　うず巻いている　みごとさを　少しも知らずに　生涯を終わった」（榎本栄『群生海』）

この世的には、古希も過ぎ去り、あとは老齢の道を行くばかりなのかもしれませんが、それを下り坂と思うこともないでしょう。「日日是好日」。毎日、一日一日を味わい深く生きていけば、それで好し。今、ここに生きている、そのことが知らず知らずに年輪となって刻まれるのです。

「これは、主が設けられた日である。この日を楽しみ喜ぼう」（詩編一一八・二四）

「ずっと目の前にあったのに、今の今まで見えていなかった。『目を覚ましなさい。人間はどんな日だって楽しむことができる。そして、人間は、そのことに気づく絶好のチャンスの連続の中で生きている。あなたが今、そのことに気づいたようにね』」（森下典子『日日是好日』新潮文庫）

人は不思議なことに、年齢（年輪）を重ねることでしか分かり（分かち）あえないことがあるのだろう。だからこそ、「形にならないもの」にこそ光を当てるのが、宗教の役割でもあります。

先般、益田市匹見町の公示価格が発表。1㎡あたり3千円。ちなみに幸町は3万8千円。どうひいき目に見ても、豊かとは言えません。しかし、都会にはない清浄な水が今も流れています。「川から海へ、海から空へ、空から大地へ、大地から川へ」（益田市広報パンフレット）

「下に根を張り、上に実を結ぶ」（イザヤ書三七・三一）。益田市民のささやかな幸せを願って、今日もまた「日日是好日」でありたい。

027号　ノアの箱舟

２０１９・４・21

イースター（復活日）の礼拝にて、武藤博道氏（益田市小浜在住のIターン。TV朝日２０１８年8月放映『人生の楽園』の出演者）制作による「ノアの箱舟」（ジオラマ。縦１８０cm、横１００cm、高さ１２０cm、台座を含む）の贈呈式を、32名の出席者の下、厳かに行いました。

益田に来て、3度目の春を迎えました。1年目は就任式。2年目は結婚式。そして今年は「ノアの箱舟」の贈呈式と、それぞれに節目を刻むことができました。改めてこの地での〝生きてきた道〟を振り返る機縁ともなりました。

「桃李不言下自成蹊」（司馬遷『史記』「李将軍列伝」より）

「桃や李《すもも》は、ものをいうわけではないが、美しい花を咲かせ、おいしい果実を実らせる。そのために、自然と人が集まり、そこに蹊《こみち》ができる。優れた人格を備えた人の周りには、その人を慕って自然と人が集まってくる」（池田知隆『読書と教育』）

朋友・池田知隆（元・毎日新聞社論説委員）によれば、この諺は、岩波茂雄が岩波書店開店の挨拶状に掲げたモットーの一つであるとのこと。益田教会もまた、その諺に倣いたいと願うばかり。

「年をとる　それは青春を　歳月のなかで組織することだ」（ポール・エリュアール、大岡信訳）

昭和も終わり、令和を迎えようとして、70代の蹊（小径）を歩んで行きます。

皆さま方の健康と平安を祈ります。友よ、また再会の喜びを。

028号　昭和は遠くなりにけり

2019・5・3

この連休、帰省した折、巷間マスコミ報道を通じて、新元号を迎える催しが各地で祝されているのを、見るともなく眺めていた。元号が変わったからといって、時代の流れが大きく左右されることもなかろうが、一つの節目を刻んだことは確かであろう。そして懐旧の念を込めて想う。昭和の名残りが薄れていく。「昭和は遠くなりにけり」

昭和の由来は、「百姓昭明、協和萬邦」（『書経』）にあるとのこと。〝百姓〟という言葉がいかにも日本人の血脈の中に溶け込んでいる。なのに、今日まさしくＡＩ（人工知能）時代の進化のただ中にある。いったいこれからの日本丸はどこに針路を舵取っていくのだろうか。

ところで、令和の「令」がやたらに取り上げられているが、「和をもって尊しとなす」の「和」は一向に論じられない。自明の理ゆえなのか、それとも付け足しなのか。〝和む〟ことの大切さ。「喜ぶ人と共に喜び、泣く人と共に泣きなさい」（ロマ書一二・九）。この聖句が自国民のためだけに用いられては、かえって偽善的となろう。「国民の平和および世界各国の共存繁栄を願う」をこめての昭和の命名も、その前期が戦争の鼓舞であったことは、今もって記憶に新しい。「巧言令色」（言葉巧みに、こびへつらう）であってほしくないものだ。

「わたしはこの大地の子です」（山崎豊子『大地の子』）。主人公は波乱の人生を経て、最後にこう確信し、中国に残ることになりましたが、私もまた「人間《じんかん》いたるところ青山《せいざん》あり」と1号に記しました。

029号　人生の楽園

２０１９・５・30

早朝、ＦＭ放送「古楽の楽しみ」を聴きながら新聞を読み、ＢＳで「おしん」「なつぞら」を観ながら朝食するのを日課としている。それがささやかなりとも〝幸せ〟というものの原点なのでしょう。「青い鳥」ではないが、「人生の楽園」とは他の地に捜し求めるのではなくて、今ここに住んでいるところなのです。そのことを、まず当人が実感し、体験しないことには「胡蝶之夢」となるほかありません。そうならないためにも、「開拓者精神」を失わないことが肝要です。

犬養光博『「筑豊」に出合い、イエスと出会う』（いのちのことば社）を読みました。犬養さんは、学生時代にあこがれた人の一人でした。それがほぼ半世紀後、この地にあって出会うなんて、なんとも不思議であり、自然でもあります。「ぼくは『筑豊』に就職したんだ。『筑豊』からぼくが離れたら、その非難は甘んじて受けよう」「君はあんな本を出版して恥ずかしくないのか」

『筑豊』を『益田』、「就職」を「住む」、「あんな本」を「益田っこ」に当てはめればいいでしょう。そして「自分の枠組みしかなかった」「主語はだれか」という問いかけは、己が身に「何もわかっていなかったことを告白して詫びながら」これからも自問自答し続けることでしょう。連れ合いは、言う。「弱い人、職人さん、自然」の三つを大切にしてください。〈職人とは、魂を込めて働いている物づくり人の総称。働くとは取引ではない〉

「今あることは既にあったこと、これからあることも既にあったこと。追いやられたものを、神は尋ね求められる」（コヘレトの言葉三・一五）

030号　使命（いのちを使う）

２０１９・６・30

祈禱会の席で、90歳になられる女性に「あなたの使命は何か」と問うた時、「ひ孫にランドセルを買ってあげること」と答えられました。普通「使命（ミッション）」といえば、どこか「勇ましい高尚なる生涯を送る」（内村鑑三『後世への最大遺物』）ようなイメージを抱かせますが、一人の平凡な生活者にとって「使命」とは、「あと5年元気に生きられるように」との願いが込められています。

キリスト者としての使命、教会・教区・教団の使命としての宣教・伝道のゆくえが、「わたしたちのミッションの課題」として、いつも取り上げられます。そこでなされる白熱した議論の最中に、誰かが「ひ孫にランドセルを買ってあげること」と言われれば、どのような反応が返ってくることか想像に難くありません。

私たちは改めて根本的に考え直していかなければいけないのではないでしょうか。「使命」とは字義通り「命を使う」ことです。その人にしかできない、その人でしかない〝いのち〟を、どのように用いるのか、そのことを心の中で大事に温めて生きていくことが、なによりも充実した使命を生き通すことになるのではないでしょうか。そこにはまた、当然苦労や悩みはつきものです。と同時に、人には語られない苦労がかけがえのない喜びにと変わるのです。そうして人はその自分に与えられた〝使命〟を使い果たすことで、次の世代にと受け継がれていくのです。「自分は自分なりに精一杯生きてきたのだ」と証しするために、一個の死があり、「いのちの旅」へと永続されるのです。死は決して人生の終りではありません。「神に栄えあれ」

031号　人間とは誰か

２０１９・７・30

「人間で在ることは、ただ単に存在することではありません。人間は自分の存在について内省し、その内省によって明らかにされることは、存在というものは決して自給自足的でないがゆえに、存在するためには自分自身でないものを絶えず受け入れなければならない、ということです」「人間とは誰か。それは神の夢と計画とに陣痛を覚える存在です。神の夢は不断の創造のドラマの中では、孤独なものではなくパートナーとしての人類が居るのです」（A・J・ヘシェル『人間とは誰か』）。著者はアメリカに亡命したユダヤ教の神学者。

八百万の神なるものを信奉する多くの日本人にとって、一神教の教理（人間は神の被造物である）はどうしても受け入れ難いものとしてあり、この日本でキリスト教が広まらないのもそのことが原因していると、よく言われるが、「私たちはありのままに自分の生を生きているのでしょうか」と問い直すことで、今一度「人間で在ること」の意義を自己検証する必要があるのではないでしょうか。それも都会の価値意識ではなく、田舎の生活感覚から信仰・祈りへともたらされる宗教性を重んじていくのならば、キリスト教の土着化が生まれてくるのではないだろうか。「今あなたはどの道を進むとも人のあわれさを見つめ　この人たちと共に……」（宮沢賢治『書簡（大正十年）』）

益田に来て始めた読書会。次回で22回目を迎える本は、浅田次郎『鉄道員』。「本日、異常なしって」「出発、進行オー」「世の中がどう変わったって、俺たちはポッポヤだ」

032号 ほんがほんがしとるが〜

2019・9・3

この夏休暇で帰省の折、書棚で埃に被っていた、宮本常一『民衆の知恵を訪ねて』（未来社、1963年）を車中で読む。自然の原風景に触れることは、同時に民衆の原点とも接することになる。地べたで生き続けている人々から学ぶこと。そこに立脚点を置いたとき、都会生活では薄れ消えてしまった〝農村的〟という風土と良風な気質が昔も今も変わることなく残っている「田舎まち」のこの益田が、もともと「神戸っこ」の私自身の魂のふるさとに思えるから不思議である。

「幼い日からこうしてきたえられ、与えられた仕事を自分のこととして忠実に守って育っていくものに見る素朴で明るい前向きの力づよさ」「村落共同体は生活を守ることを第一の目的としたもので、生産共同を目的としたものではない」「百姓精神の神髄とは、お先走りでもない、が頑固でもない、いつも自分のいるべき地位を見定めて、人の邪魔をしない」「みな律儀な人ばかり」（同書）

こうした気質は良き面で今も伝えられていて、「益田は仏さんのような人ばかりですよ」と言えないこともない。でも現実はその半面もあるのであって、そこらの微妙な〝間合い〟を、「ほんがほんが」（出雲弁。without thinking、anything、のらりくらり、ぼっとしている）で、やっていくのが、周りとの軋轢もなく、長続きするこつであろう。「いまのままでええんかね」と呟き嘆きつつ、それでも、この街はどこか憎めず、かわいい感じがする。「遍一切処」（一切の場所に遍く有る）。しかし、ここは「理」が一切処に遍在するには程遠い。「ほんがほんが」

033号　1キロ1分

2019・10・1

「1キロ1分」とは、こちらでの車の所用時間を指しています。市街の中心地を除けば、信号はあってもないに等しく、ブレーキをかけることなく進んでいけます。かくて100キロの距離であれば、100分で到着。教団の一番近い教会にしろ、60キロと離れているのですから、100キロ以内の距離であれば、「ちょっと出かけてくるわ」といった感覚です。もっともその心境に至るまでには、それなりの体験を積まなくてはなりません。中山間部を走っていると、ところどころ集落を目にしますが、ほとんどひと気は感じませんし、道行く人など先ず目にすることはありません。いったい、人はどこにいるのでしょうか。

先般、児童公園の掃除を近所の人たちが早朝集まって1時間ほど行いました。老若男女約50人はいたでしょう。毎朝、公園の草取りを日課としている老人もその中にいました。かつては大いに賑わった商店街もシャッター通りに変じています。本業だけでは生活できず、副業として新聞配達や宅急便の運転手をしながら、生計を立てているのが現実。それでも地域の行事には欠かさず参加し、「結い」の心意気は消えることはありません。日本の地方によく見られる共同体（コンミューン）の典型が、この益田にも残っています。このような情に熱い純朴な人達に対して、キリスト教の福音はどこまで届いているのか。どこに共有点を見出せばいいのか。伝える人は、「笛吹けど踊らず」といった次元ではなく、本人自身がもっと本質的なところで改心しなければならないのではないかと思い悩む、新米の〝益田っこ〟です。

034号　フェスティナ・レンテ

２０１９・11・１

荒川純太郎・荒川奈津江『十字架のない教会　共生庵の歩み』（かんよう出版）を読んでいると、「フェスティナ・レンテ（ゆっくり急げ）」というラテン語を目にしました。今や昔、市民活動に奔走していたとき、ある先輩から教えられた言葉でした。「そんなに急いで、どうなるものでもなし。もっと、ゆっくりとやれ」というアドバイスでした。また牧師になってからも、別な先輩から「元君は、せっかちだから」と指摘されました。もともと呑気なほうで、自分ではせかせかしたところはないと自認しているのですが、他の眼には、そのように映ってしまっていたのでしょう。

今まで総じて「元さんらしく、やれば」と好意的に見ていただきましたが、人生も後半期に入って、「これで、いいのか。今までのようなやり方では駄目だ」と反省させられます。というのも、やはり、ここ益田は神戸・阪神間と同じようにはできませんし、してはいけないと自戒する日々です。ここには都会では味わうことのできないものが、まだまだ残っています。都会の論理では通じない、通じさせてはいけない〝なにか大切なもの〟が、のんびりとした日常生活の中に秘められています。

「何をしたか、ではない。ひとは何をしなかったか、だ」（長田弘）

懇親会の席で、ある地元の人が、「奥深いことを言おう。ここは、何もしなくても、いいところなんだ」と、自慢げに語られていました。その意味するところ、如何に!?　何事もポコアポコ（ぼちぼち）やっていくのが、〝わが益田流〟となるように生きていきたいものです。

035号　三都物語

２０１９・12・1

益田に来て、24回目を迎える読書会で、郷土の名誉市民でもある作家・田畑修一郎『ふるさと』を読む機会に恵まれた。著者と同じように、「ともかく永い間まわり道をしてきた」私にとって、ふるさととは、今もって「何と云ったらいいか、説明のできないもので」あって、「生れ故郷の美しさは、住んでいる間には少しも感じられないで、離れて何年かたち、いくらか世間の塩をなめた後でようやく判る」ようなものであることを痛感する。

顧みれば、神戸という町を離れることで、青春の門を飛び出た。それから約半世紀、またもやふるさとを離れて、異郷の地を青山（死に場所）としている。結局、普通の町の人として生きることができなかった、「いろんな大切なことを見落して来た」報いを受けているということでもある。「ヴ・ナロード」（人民の中へ）という言葉自体、今や面映ゆくて、口の端にも出てこないが、常民、庶民、大衆といった用語でも決して括りきれないところで、人はその人らしく生きている。

「成人した今、幼子のことを棄てた。わたしたちは、今は、鏡におぼろに映ったものを見ている」（コリントⅠ一三・一一、一二）

神戸・大阪・京都が三都物語であった時代は、もう過去のこと。こちらでは「益田・津和野・萩」「益田・浜田・大田」が三都を形成するだろうか。島根・山口は保守王国と言われている。なぜ、そうなるのか、興味は尽きないし、その因を探りたい。両親のふるさとである奄美と、神戸・益田が、私の血となり肉となるような牧師でありたい。

036号　名残りの世

タイトルを石牟礼道子著の標題『名残りの世』から拝借しました。

「一人の人間のいちばん内側にあっておのおのを苦しめている煩悩」といえば、普通「妄念・欲望」と否定的に捕らわれがちですが、天草地方では、当然あるものとして把握され、「煩悩が深い」とは「情愛、心が深い」とのこと。「充分自分の思いを周りの人たちと交わし合って死ぬのを往生という」「普通の日常でも人間いかなる関係であれ、他者と心溶けあう瞬間を待ち続けて生きている」

益田での3年弱の生活にあって心したことは、生身の人間の顔が、まなうらに浮かんでくるような関係を持つことでした。言うまでもなく、どこであろうと「人間生きるということは大へんなこと」であって、「あたりまえに生きるとはどういうことか」を、何度となく反復しては、学んでいます。この地には、いまも「結い」の気持ちが残っていて、それだけに皆と心を通い合わせて生きてゆくことで、「益田教」なる土着キリスト教を産み出すことができればと願うばかりです。

「宗教というものは、終には教理化することのできない玄義というものを、その奥に包んでいるのではないでしょうか」「玄義とはそのような衆生という存在だと私は思います」「拝むことしかしらぬ衆生というものこそ、じつはこの世界のいちばん奥をなす存在なのだ」と。

石牟礼が語るとき、わたしもまた煩悩深く、情愛でつながっていこうと思っています。新しき年も、「淡いえにし」を風の声に託して、みなみなさまに「益田っこ」を送り続けていきます。帰一在天。

２０２０・１・１

037号　天、共に在り、一隅を照らす

2020・2・1

中村哲73歳、アフガンで凶弾に倒れて死す。一人の日本人医師の訃報が、全世界に駆け巡りました。その余韻は今も続き、1月25日西南学院大学でのお別れ会には、数千人もの弔問客が駆け付けたとのこと。また各地でも、様々な形で追悼会が催されていました。「益田教会でも、2月9日（日）礼拝後に行う」。多くの場合、人生はその人の死でもって終わるものですが、彼の場合、死を通して、その遺志を伝えていこうとしています。その背景にあるものとは、何か。

「天、共に在り」「一隅を照らす」。この二つの言葉は別々ではなく、彼にあっては一つでありました。「天、共に在り」とは、「神は我々と共におられる」（マタイ福音書一・二三）のクリスチャン医師中村哲訳です。「これが聖書の語る神髄である。枝葉を落とせば、総てがここに集約し、地下茎のようにあらゆるものと連続する」とも断言します。「一隅を照らす」とは、「人間としてうずくまる」態度に通じ、「いま、ここに生きる」姿勢に直結します。アフガンの荒涼たる大地に身を徹したのは、慈善事業というのではなく、天意に則っているのです。「人は愛するに足り、真心は信ずるに足る」と、アフガンとの約束を守り通した結果です。「平和を実現する人々は、幸いである」（マタイ五・九）

過日、陶芸家であり書家でもある知人から色紙をいただきました。薄墨の円の中に、万葉仮名で「人波　人乃中天　人止奈留」と筆書きされていました。「人は　人の中で　人となる」。そのためには、「インマヌエルの原事実」が大前提とされているのではないでしょうか。

038号　いひおほせて何かある

2020・3・1

先般、高校同期会開催の案内（2年に一度）が届いた折、物故者が57名（400名中）という数字が目に入りました。73歳を迎えようとして、すでに約15％もの同期生が亡くなっているということに、少なからず唖然としました。その中には、当然よく知った者もいるわけであって、なぜ鬼籍に入ったものかその理由は分からずとも、他人事には思えませんでした。いずれは、私もその中の一員に属することになるのでしょうが、なぜ、それが彼・彼女であって、私ではないのか、答えは出そうもありませんでした。その問いは、かつて妻の公子が突然死した時の素朴な疑問でもあり、それを〝神の計らい〟と言うには、かえって神を冒瀆していることにもなり、あるがままに受けとめるほかありませんでした。振り返りみれば、交通事故など、いくたび危険な目に遭ったことか。なのに、今もこうして生かしてもらっています。

「いひおほせて何かある」（芭蕉）。「言い尽くしたからとて、それがいったい何になろうか」。さりとて「秘すれば花」というのでもなく、「何も言わぬこそ、あわれなり」と、ふと思わないでもないのだが、やたらに饒舌ぶっている昨今の自分でもあります。

「死ぬことは、誰かの心の中で生き続けること」（朝日新聞、2018年11月29日）。これは、「樹木希林さんが、友と交わしたことば」の表題です。文中、「役立つ人だけがいいのではない。困らせる人は己を磨く上で必要だ」とあり、それは、釈迦にとっては提婆達多《だいばだった》、イエスにとってはユダに当たろう。では、皆様方にとっては……。

039号　なぐるさ

２０２０・４・１

今や、新型コロナウイルスの言葉を耳にすることなく、日常生活を営むことはできなくなりました。それも地球規模で行われているのですから、人類と感染症との闘いとも捉えることができます。国家的非常事態宣言が発動されるほどの大災難に際して、私たちはどのように対処していけばいいのかが試されています。少なくともいたずらに不安に陥ることのないように生活していかなければなりません。

「なぐるさ」とは、奄美群島加計呂麻島の方言で、「なつかしさ、愛しさ、切なさ」を意味します。NHK「新日本風土記」のテーマソング「あはがり」の唄い手・朝崎郁恵さんのCDのジャケットに載っていました。「自分以外の『他の存在』に心を配り、感謝し、手を合わせる。そのことで人々は助け合い、唄と笑顔とユーモアをそよがせて質素な暮らしを実りあるものにしてきた」。このことは、有事にあってこそ、より大事なことではないでしょうか。

「しかし、災難に逢う時節には災難に逢うがよく候／死ぬ時節には死ぬがよく候／是はこれ災難をのがるゝ妙法にて候　かしこ」（良寛）。25年前、阪神大震災が起こった時に胸に刻まれた言葉が、いま甦ってきます。おそらくウイルスという病原菌も、人類の進歩に合わせるかのように、目には見えないところで進化していっているのでしょう。

「宗教に今求められるのは、人間の限界を知る謙虚さである。キリスト者として生きるとは、『当たり前の人』として、今をまっとうに生きようとすることである」（中村哲『辺境で診る 辺境から見る』）

特別号

益田の人となりて3年間の歩み

2020・4・1

3月19日の朝日新聞に、「しまねの人」として取材されました。タイトルは「教会を集い語り合う場に」。締めの言葉は、「ここに骨を埋めるつもりです」。

70にしての新しい旅立ち。赴任当初、神戸ナンバーの車を乗り回していただけに、それがこの地にて、青山（死に場）を求めるとは……、神の悪戯か。いや、これもまた神により〝備えられた、恵みの道〟なのだ。そのように自分の行く末を定めたのだ。己の来し方を振り返ってみたとき、なるべくしてなったと言えなくもない。川の流れに逆らいつつも、辿り着くべく、この地に落ち着いたのであれば、この後の生き方も〝老いの道〟ではなく、「生きることの喜び、老いることの嬉しさ」を味わいたいと願う。「ありのままに」生きることの難しさ、辛さ、孤独を味わい尽くしたい。

もとより青春時代の3年間と、古希を過ぎてからの3年間とは比較するのも憚れよう。青春放浪は夢のまた夢の話。山頭火の道もない。一人よりも二人の方を選んだのだから、独りではなく、共生である。

「しまねの人」になるということは、どういうことなのか、それを実証すること。神戸の六甲では、秋田のむのたけじ、筑豊の上野英信のように活動できなかった。益田教会のキャッチフレーズ「こころのオアシス・まちのともしび」は歴代の牧師によって代々受け継がれてきました。「一隅を照らす」こと。「それは、諸君の生き方そのものである。置かれた時と所で、諸君の生きた軌跡が人々の励ましや慰めとなることである」（内村鑑三『後世への最大遺物』）

040号　想い起こす（よみがえり）

２０２０・４・８

受難週の礼拝説教の冒頭にあたって、季節はずれではありましたが、「冬来たりなば春遠からじ」と言いました。今やコロナウイルス感染影響の不安と恐れを抜きにして、日常生活が送れなくなったことに対する、牧師からのメッセージでありました。どんな災厄も、いつかは去る（終息する）のです。「待ち望む」こと、それがキリスト者としての生き方（復活の日に備える）を示すのであって、世の動き（報道番組）に対して近視眼的に右往左往するようでは情けない限りです。己の日常生活の依って立つものとは何か、そのことを想い起こして静かに考えてみる〝良き機会〟と捉え直すことが必要でしょう。

ウイルスもまた、人間と同じように進化・変異していることが判明しました。すなわち文明が発展して病めば、ウイルスもまた増幅することで病んで現れるのです。これぞ、大自然の摂理であって、何人もこの法則から免れることはできません。不確実性の時代を生き抜くのは、なにも今に限ったことでないでしょう。緊急事態宣言が発動されようと、「かつてあったことは、これからもあり、かつて起こったことは、これからも起こる」（コヘレトの言葉一・九）。不条理なこと、不可避的なことも受け入れてこそ、その意味を問い直すことができます。なぜならば、誰にも等しく「生きるに意味あり」と投げかけられているからです。４月５日ＮＨＫ「日曜美術館」で「写真家・奈良原一高　魂の故郷を探し求めて」、「クラシック音楽館」で「マーラーの『復活』」を観ました。「生きるためにこそ、わたしは死ぬのだ」。あるがままに。

041号　言外の言（神聖な空白）

２０２０・４・22

「諸君、死を免れることは困難ではない。むしろ悪を免れることこそ困難なのである。それは死より疾く駆けるのだから」（プラトン『ソクラテスの弁明』）

緊急事態宣言が全国一律に出されて、１週間と経ちます。ここ益田市でも緊迫の度が増し、いつも見慣れている風景にもコロナ禍の影が差し込んできました。目に見えぬ敵を相手にしている限り、平穏でいられるはずもなく、周りが〝コロナ尽くし〟であれば、不安と恐れに包まれて暮らしているようなものです。この危機的状況から脱して、いつ元の生活に戻ることができるのか、それは誰にも分かりません。

「人は生涯のうちで一度は日常の世界を超えた別の世界を垣間見て、驚き怪しむ体験がある」（中村哲『ダラエ・ヌールへの道』「流竄録」より）。流竄《りゅうざん》とは、「島流し」の意。このような時にこそ、「既成の観念にとらわれず、対象と直接に向き合うところから、その姿が一つの洞察や認識として心にやきつけられる」「人はそれぞれに、侵してはならぬ『神聖な空白』とでも呼べるものを共有し、それに自らの生活から滲み出た言葉で意味を与えようとする事である」。そこに、哲さんは「謙虚さの根源」を見出しています。「足りないのは、自然と人間についての地についた洞察である」と喝破する時、「言外の言」に耳を傾けることが自ずと求められるのです。

「私はあなたを目覚めさせるためにここにいるのです。これが全て終わったら私は去ります」（ヴィヴィアン・リーチ「コロナウイルスから人類への手紙」より）

042号　世のなか安穏なれ

２０２０・５・８

「われらは、全世界の国民が、ひとしく恐怖と欠乏から免れ、平和のうちに生存する権利を有することを確認する」。この文言は、実に我が国の憲法の前文にある。「全世界の国民が」と表するところに、自国第一主義を超えた普遍性を感じて、誇りとする。今回のコロナ禍を通して、私たちは何を経験し、そこから何を学ぶのかをじっくりと考えなければいけない。でなければ、なんのための自粛・制限であり、経済優先よりも「いのちの大切さ」なのかが意味をなさない。

「迷信の根拠は、我慢我愛のこころであり、（中略）実は我を拝しているのである」（三木清）。自分は我慢しているから、正しいというのは、それこそが迷信の根拠ともなっているのではなかろうか。芥川の『蜘蛛の糸』の主人公のように、「こら、罪人ども！」と、県境を越えて来る人に対して叫んではいないだろうか？　自分中心の生き方に囚われている限り、世の中に平穏があろうはずはない。そもそも数字でもって「いのちの尊さ」を計ろうとすること自体が、科学（人間の叡智）の傲慢なのだ。

科学の発展は同時に、疫病の進化・変異を伴うものではないかと、ふと思わないでもない。新型ウイルスの突如の出現は、何を意味しているのだろう、何を示そうとしているのだろう。そのことを深く考慮することなくして、「いのちのバトンタッチ」を次の世代に受け渡すことなど、恥ずかしくてできない。高史明『世のなか安穏なれ』（平凡社、２００６年）の読後感。

043号　# オンラインと桃源郷

２０２０・５・24

先日、関西地方でもようやく緊急事態宣言が解除されました。とはいえ、コロナ禍がそれで終わったわけではなく、更なる自粛生活や新しい生活様式が求められていて、すっきりした解放感には程遠いものがあります。第2波、第3波襲来のことをも憂えると、とてもではないが平穏な生活などまだまだ先の話です。これからはアフター・コロナの生活をいかに生き延びていくのかが自ずからに試されます。

遠出ができなくなったこの御時世、集会は主にオンラインで行うようになり、地区の牧師会でもスカイプを使っています。それで用が足りるといえばそうなのですが、どうも不消化の感は否めません。礼拝もオンラインという教会が目立ってきましたが、益田教会はアナログに固執しました。ちょうど田植えの時期と重なり、田園風景を味わいながら、「魔女の宅急便」ならぬ「牧師の宅急便」で各家庭を訪問しました。今や廃校となった中垣内分校の周辺などは、中国山脈をバックにして棚田が広がり、まるで桃源郷のような世界を彷彿とさせてくれました。元分校教師のまとめられた『打歌山麓御通帳』の一節「じっとしてはいられないような　じっとしていたいような　ゆたかな　ゆたかな　日曜日のひるさがりであった」。そのようなちょっとした〝至福の時〟を、皆様にもお届けしたいなと思う今日この頃です。もし見知らぬ誰かさんから「よーい　そこにおんさる　ねーさん　分校あ　どこかのう」と尋ねられたら、「ここよ、ここよ」と答えてください。皆様の家庭の中にこそ、陽だまりの桃源郷があるはずです。

044号　心だにまことあらば

２０２０・６・１

「個人には所詮どうすることもできぬ運命と無常……。にも拘わらず総体としての人類の歴史には世界的理性が貫かれ、個々の歴史的事件はいかに不幸で不合理なものであっても、それは世界精神の合目的的な発露なのだと、僕は信ずる」（高橋和巳『邪宗門』）。この一節は、死地に向かう特攻隊員の若き妻に言い伝えた遺言である。コロナ禍によるいたずらなる出会いで、約半世紀ぶりに『邪宗門』と向き合うこととなった。思弁的な言辞の海にすっかりはまり込んでいた当時の面影は、今も心の底には残滓となって埋もれているのであって、古傷を探るような気持ちで読書していた。「心だにまことあらば」という言葉に触れたとき、思わず瞠目してしまった。一瞬であれ、70余年の人生をどう生きてきたのかと、来し方を振り返ってみた。

ここ数か月、もの皆がコロナ禍一色に覆われている。緊急事態宣言が解除されようと、それでもって出口が見えたわけでも、「その後」に希望が見出されるわけでもない。思い煩いはどこまでもつきまとっている。しかし、である。「思い煩いは、何もかも神にお任せしなさい。神が、あなたがたのことを心にかけていてくださるからです」（ペトロの手紙Ｉ五・七）

世界的理性（世界精神）とは、神と置き換えてもいいだろう。生活や将来の不安は考えれば考えるほどに増していくかもしれないが、「心だにまことあらば」と念じていれば、必ずや道は開かれよう。試練とは超えるためにあるのだから。

夕食後、日課となった益田川のほとりの散歩中、ホタルを見た。

045号　世界がふるえる日

2020・6・25

「けだし、万物が陣痛の苦の中でもだえつつ、人の子ら（人間）の和解を待ち望む……」（ロマ書8章、犬養道子『人間の大地』より）。山本太郎『感染症と文明―共生への道』（岩波新書）を読んでいたら、あとがきに載っていました。早速、聖書に当たってみましたが、このような訳はありませんでした。新共同訳では「被造物がすべて今日まで、共にうめき、共に産みの苦しみを味わっていることを、わたしたちは知っています。（中略）神の子とされること、つまり体の贖われることを、心の中でうめきながら待ち望んでいます」。犬養道子は、「再生の創造」「明日の土台づくり」という観点から、この聖句を引用しているのですが、かなり恣意的に過ぎます。でもこの犬養訳（?）は随分と示唆的であり、想像力を駆り立てて余りある名訳でした。今回のコロナ禍は終息の気配を見せないため、日常生活がいまだに回復せず、これからどうなるのか定かではない限り、なんとも評価できませんが、「世界がふるえる日」を人類みな味わったことは確かです。そこで問題は、著者の山本医師が述懐するように、「皆さん一人ひとりが何かを感じ、大切なことは何なのかについて考えるきっかけになればと願っている」「ヒト以外が消えた世界で、ヒトは決して生きていけないことは確かなのだ」「わたしたち一人ひとりが、他者に共鳴し、共感する存在でありたい」。それゆえに感染症は人類への挑戦というよりも、「人の子ら（人間）の和解を待ち望む」神からの警告と受け取ってもいいのではあるまいか。ウイルス感染と戦うのではなく、共生・共存の道を目指すようにと著者は訴えている。「コロナが終わったとしても、忘れたくないことは何だろう」。それを己自身顧みて、内省する機会としたいものである。

046号　正しく生きるとは

2020・7・23

「先生、正しいこととはどういうことですか」との問いに、答えて曰く「君、正しいということは、不正でないことだよ」。

書棚を眺めていれば、ふと池田清彦『正しく生きるとはどういうことか』（新潮社）を目にし、パラパラとひもといてみました。「正義とは何か」。昔も今も論議つくされた感がありますが、どれも相対的であって、確たる解答は見出されていません。そもそも時代や国や人によって異なってくるのですから、絶対的な正義なんてありえるはずもありません。

奇しくも、益田市では市長選挙が行われ、3人の候補者が選挙戦を争ったものの、結果的には現職市長の圧倒的勝利で幕を閉じました。「このままでもええ」ということなのでしょうか。各陣営それぞれに立派な公約を掲げていました。公示された後のかまびすしい連呼は、どこであれ、いつの世にも変わらない選挙風景でした。政治家は正しい政策を掲げるよりも、不正でないことをどれだけやっていけるのか、自らに襟を正してほしいものです。

withコロナが今も進行中ですが、いつかafterコロナは訪れることでしょう。その際、世間では新しい生活様式の導入云々と言われていますが、多くの人は多分beforeコロナの時に過ごしていたのとほぼ同じような生き方（態度）をしているのではないでしょうか。コロナの時代に遭遇して自分の人生を問い直してみたとき、「みずからの本来的な存在の根源を見出すこと」（リチャードソン）の大切さを思い知らされる昨今です。カルペ・ディエム（その日の花を摘み取れ）。

047号　野に遺賢あり

２０２０・８・５

日曜日、礼拝前のひと時、ＮＨＫ８時からの放送『小さな旅』を観るのを常としている。地方に住む生活者の日常生活がさりげなく描かれている。今まで金曜夜のＢＳ『新日本風土記』もよく観ていたものだが、風土に密着して生きている人々の生活像に触れることで、今でも熱く旅情を掻き立ててくれる。

ここ半年間、変わるものと変わらないものとの差異に揺れ動きながらも、コロナ禍にからめとられることはなかった。毎朝６時からのＦＭ『古楽の楽しみ』を聴きながら、新聞を読むことで、一日が始まることには何ら変わりない。あたりまえであったものがあたりまえでなくなったことへの不安と恐れは、誰しも感じさせられたであろうが、帰るべきところがある者は、強いし、耐えていける。

山形県の農民作家・真壁仁『野の自叙伝』（民衆社）を紐解く。約40年前『野のしおり』を刊行、編集したとき、「また思え／きみは朽ちにし廃墟の石のごとく／沈黙をもて／かのひとを／花たらしめしを」（詩集『失意と雲』「廃墟」より）を根本概念とした。真壁は書く。「ぼくは野に立った。それは野良であり、生産点であり、生活圏であった。（中略）野に遺賢あり。（中略）世界をよこせ」

益田の地に、果たして〝遺賢ありや〟。心にコスモスを持ち続け、「精神の自作農」を目指して、田舎牧師はこの地を「わが根拠地」にしたい。先人の遺訓に学びたい。最初のものを大切にしたい。

048号　コロナ禍に思う

２０２０・８・13

「県は9日、益田市の40代男性が新型コロナウイルスに感染したと発表した」と、11日の新聞にて報道。その日、松江市でもサッカー部で91人もの集団感染があり、島根県民は突如の発表に震撼させられることになりました。益田市など、今まで感染者ゼロであり、心の底では、どこか他人事のように受け止めていたところがありましたが、いよいよ「わが事」として向き合わざるをえなくなりました。教会でも早速12日に臨時役員会を開き、対策を講じました。基本的には、「これまで以上に注意喚起を続けながら、高齢者には特に配慮して、礼拝は続行する」。

コロナという名前を耳にして、もう半年以上も経ちます。その間ほとんどの人が、感染者の数に一喜一憂し、目に見えないウイルスに振り回されていました。どこか過剰に反応してしまう自分が不自然でありました。

「この世界は美しいものだし、人間のいのちは甘美なものだ」（『大パリニルヴァーナ経』）

コロナ禍は、逆にこの真実を思い起こさせるものでなくてはならないはずです。「思」とは、「田」に「心」と書きます。「人は心の中に田んぼを与えられています。そこに何を植え、どう耕し、成長させるかを考えることが大事。『思』。それは思想です」（千玄室）

「油断してはいけないけれど、恐れすぎて心までコロナにからめとられてしまわないようにいたいと思います」（ある教友からのメール）

049号 バカだ、ね

2020・9・6

映画「男はつらいよ」で、おじさんが、寅に対して「バカだ、ね」と嘆く場面がよく観られます。寅さんが性懲りもなく、ドジを踏み、失敗を重ねるものだから、「情けない、どうしようもない奴だ」との諦めの気持ちを表しています。そこには、叱責やさげすみの気持ちはありません。身内なればこそ、なんとかしてやりたいのだけれど、〝どうにもならない〟それでいて、〝ほっとけない〟微妙な感情が、「バカだ、ね」なのです。もう少し注意して観察していますと、おじさんは面と向かって寅さんに言っているのではありません。それは〝せんかたない〟呟きであり、間接的には、観客に向けての共感を引き起こす〝呼び水〟ともなっています。そこがまた、国民的映画ともなっている所以です。

石見弁（広く、山陰地方でも使われている）に、「だらず」（語源は、「足らず、だらける」）という方言があります。「なまける、横着」という意味から、「だらしない、バカ、あほう」と否定的に使われることがほとんどですが、「かなわない、手に負えない、始末に困る」と広く解釈されることもあり、なにか〝とんでもないこと〟を行えば、「だらず賞」が与えられることも、無きにしあらずです。

要は、〝だらずな人〟も、人と人との潤滑油として、町の賑わい・活性化には欠かせないということです（あの寅さんのように）。

050号　お前の足もとに気をつけろ

2020・10・3

先般、BSでフェリーニ監督の「道」を観る。これで2回目。ジェルソミーナの曲が、今も脳裏に響いている。映画「道」は何を言わんとしているのか、うまく答えることはできないが、胸をえぐられるような感動に言葉を失っている。

「海や空のかなたに、神を垣間見る。それは魂が深く必要とする、神の愛と恵み」「クオ　バディス（主よ、どこに行かれるのですか）」。女旅芸人ジェルソミーナの人生は、ただただ痛々しい。最期は、野垂れ死。「彼が負ったのはわたしたちの痛みであったのに」（イザヤ書五三・四）。しかして、「世の中のすべては何かの役に立っている。それを神は知っている」。

「益田っこ」50号を迎えた。「そんな情報（文章）は、一体誰のために、何のためにあるのでしょうか。そんな情報（知識）を知った人は、幸福になるきっかけが生まれるのでしょうかね？」との批判を受ける。自分の「立ち位置」が、牧師ゆえに過酷にも問われ続けている。

「だれ一人自分のために生きる人はなく、だれ一人自分のために死ぬ人もいません」（ロマ書一四・七）。つまり、人は自分一人のためにだけ生きてはいられない生き物なのです。

では、自戒すべきこととは、「お前の足もとに気をつけろ」。『日々是好日』の著者・森下典子さんに言わせれば、「長い目で、今を生きろ」。

051号　われは生きている、ゆえにわれわれ在り

2020・11・1

知友から薦められて、中村元『自己の探求』（春秋社）と、ふとした機縁から、芳賀力『大いなる物語の始まり』（教文社）を読むこととなった。熟読することで考えさせられた〈われ考える、ゆえにわれ在り〉というよりも、来し方の読書を顧みて、自分という人間を今一度整理しなければいけないきっかけを与えてくれた。

インド思想の「アートマン」と、古代ギリシア語の「プシュケー」とが対応しているとは、まさに青天の霹靂であった。原義は、「息」を意味し、文脈によれば、「風」「霊魂」「命」「自己（自分自身）」とも訳し得る。「人生の最も根本的なところにおいては、自己が真に自己自身になるという仕方において、人生は宗教そのものである」というのも肯《うべな》うことができる。

その伝に従えば、「愛は神から出る。愛とは自己でないものを自己のようにして受け入れることである」というキリスト教の教えもまた肯うことができよう。

と同時に、哲学や宗教を云々する以前に、「サンライズ、サンセット」なのだ。「日は昇り　また沈み　時移る　喜び哀しみを　乗せて流れゆく」（『屋根の上のヴァイオリン弾き』）

数か月前から、折に触れて、畑仕事をしている。余暇の遊《すさ》みである以上、偉そうなことは何一つ言えないのだが、土に触れることによって、首から上ではなく、首から下のところで、まことにささやかなりとも、「われは生きている」と実感している昨今である。

052号 長靴をはいた牧師

2020・12・1

フランスの作家・ペローの童話『長靴をはいた猫』は、猫知恵?を働かせて、貧しい粉挽き職人の三男坊の主人を貴族にと仕上げ、ついには王様の娘婿に出世させる物語ではあるが、益田の長靴をはいた牧師は、約50坪の借りた畑に野菜を植えて、その収穫物は到底食べきれないので、ご近所の方や、教会員にお裾分けしている。すると、あら不思議、回りまわってエビでタイを釣るようなこともないではない。すべては、神様のなさること、有難く受け取ることにしている。

約半年前にもなるのか、車で10分ほどのところに休耕地があって、そこは周り一面雑草に覆われていたが、その草叢の隙間を覗いてみると、ミミズが這いまわり、惚れ惚れしそうな肥沃な土壌であった。早速、交渉してお借りする。最初にやったことは、まず耕耘機でしっかり土を耕すこと。それから畝を作って、長谷川方式の認知症テストには簡単にパスするほどの野菜の種と苗を植えた。あとは、育つのを待つばかり。草刈、水やり、間引きなど、細かい手作業はすべて俯いての肉体労働。真夏の作業ともなれば、これはもう熱中症寸前。腰折り損！のくたびれ儲け。そうなると内心、「これじゃ、店で買った方が、なんぼか楽だ」と愚痴りたくなる。だが、そこは牧師である。「しかし、成長させてくださるのは神です」と、聖書に記されている教えを肝に銘じるべし。かくて、今日も長靴をはいた牧師は、せっせと野良仕事に出向くこととなる。

皆さん、野菜を食べましょう。

053号　帰りなんいざ（わが帰去来辞）

2020・12・10

「淋しくて　言うんじゃないが　帰ろかな　帰るのよそうかな」

永六輔作詞、中村八大作曲、北島三郎の歌「帰ろかな」が、今なぜか思い出されてきました。

この正月の帰省を諦めました。もう1年近く帰っていません。「淋しくはないか、恋しくはないか」と言われれば、その通りなのですが、このコロナ禍にあっての帰省は、やはり控えなくてはならないでしょう。自分一人の身であれば、「ｇｏ ｔｏ ＫＯＢＥ」となっても、他人からとやかく問われる筋合いもありませんが、こと教会を預かる身となれば、そうもいきません。それは忖度ではなく配慮であり、エチケットや義務ではなく、牧師たる者の責務です。

そこで「帰れられない、いざ」となれば、またそれなりの生活態度が求められます。いずこに「生活の座」を据えるべきか？　振り返りみれば「あなた」を探し求めて、〝旅〟に出たのでした。「また、帰りたい」と。そして日本海に面したこの地（益田）に足場を見出しました。

陶淵明の「帰去来辞」を生き抜くこと。

聊《いささ》か化に乗じて以て盡くるに歸せん。夫の天命を樂しみて復た奚《なに》をか《か》疑はん。

「願わくはこのまま自然の変化に乗じて死んでいきたい。天命を甘受して楽しむのであれば、何のためらいがあろうものか」

中村哲医師の「天、共に在り」の心境でもあります。今回も残念ながら久しく会うことは叶いませんが、友よ、「夢であいましょう」。

054号　賢治再考

２０２０・12・30

４度目のクリスマスと初めての正月を、ここ益田で迎えることになります。もう4年にもなるのかという感慨と、まだ4年なのかという気持ちとが入り乱れています。「益田っこ」を書き始めたとき、賢治さんの言葉を何度も引用していたものであった。

いま、「あ、いとしくおもふものが　そのま、どこへ行ってしまったか　わからないことが　なんといふい、ことだろう」（『春と修羅』）、「なにがしあはせかわからないです」（『銀河鉄道の夜』）といったようなこころもちに収束しようとしています。安穏な生活に馴れてしまい、「はぎしりゆききする青ぐらい修羅を　ひとりさびしく往かうとする」ことから離れてしまっている自分がいる。

「わたくしといふのは　いったい何だ」

「青年というものは　いつだってバカですよ」と、三島由紀夫に諭されなくても、そのような特権を人一倍生きてきた者が、古希を過ぎて老齢の道を歩んでいると、かつてと同じような働きができていないことに、茫漠たる想いとなる。「青い夢の影」が薄れていくばかりである。しかし、心身ともに衰えはあっても、「どの道を進むとも　人のあはれさを見つめ　この人たちと共に」生きていこうと誓うのならば、なにをか恐れん。「われらに要るものは　銀河を包む透明な意志　巨きな力と熱である」（『農民芸術概論綱要』）

またいつか、〝ポツンと一軒家〟を訪問しては、よもやま話に興じるとしよう。

「やっぱり川はつづけて流れるし　なんといふい、ことだろう」

055号　真摯に受け止める

２０２１・２・１

年明けて、一か月となります。どうもこの正月ばかりは、「あけましておめでとうございます」と、モウー挨拶できそうもありませんでした。昨年は、年回りなのか、幾人もの知己を天に送りました。いずれ、順番が回ってくるのでしょう。いつかは、やって来る道です。粛々と受け止めるほかありません。この益田にも、遂にと言うべきか、感染者が現われ、遅まきながら全国規模の仲間入りをいたしました。

〝時代〟というものを、つらつらおもんみる昨今です。もう20年前にもなりますか。ある総会の場で、「真摯に向き合え」と質問者が発言していたことがあり、〝真摯に〟という言葉に違和感を覚えた記憶があります。その後、この言葉はよく謝罪の場でも聞く機会が増え、「まじめに、きとんと、やれ」でいいのではないか、と。その後、この言葉はよく謝罪の場でも聞く機会が増え、「これからは、もっと真摯に対応します」と、改まって言われるほどに、軽薄な響きが滲み出ていました。「ＳＤＧｓ」（持続可能な開発目標）なる用語もまた、実に頻繁に、多方面で使用されています。２０１５年、国連サミットで初めて用いられた提言で、その17の目標はどれも立派で、素晴らしものです。それだけに、「ＳＤＧｓ」の概念・精神と実態・現実との乖離が浮き彫りにされて、食傷気味にさえなります。

『利己的な遺伝子』の中で、著者のＲ・ドーキンスは、「人はなぜいるのか。その生きる目的・意義とは何か」との問いに、「我々の人生を左右するのは、もっと身近で、より具体的な思いや認識である」と、答えていました。そのことを、真摯に受け止めてほしいものです。

056号　あなたは良い人でなくてもよい

２０２１・２・18

2月14日午前6時、いつものように目覚めて、ラジオのニュースを聞く。前夜11時ごろ、東北地方でまた地震が発生したとのこと。これが震度3、4であれば、聞き流してしまうのだが、6強という数字に仰天する。その被災状況を想像するだけで、悪寒が走る。不幸中の幸いか、津波の心配はないとのこと。この日、おだやかな春日和の下、隣の公園では、子供たちの明るい声が響いている中で、いつものように、何事も起こらなかったかのごとく、礼拝を守っていた。

「天災は忘れた頃にやって来る」とは、寺田寅彦の名言ではあるが、彼はこうも言っている。「文明が進めば進むほど天然の暴威による災害がその激烈の度を増すという事実である」

新型コロナウイルス感染の災厄の只中にあって、その感を強くする。

「太陽の下、新しいものは何一つない」と、「コヘレトの言葉」が嘆くのも、決して故なきことではない。世のすべて、成るようにしかならないということは、「なんとかなる」ということにも通じているのではなかろうか。そこに想像力と信仰心が働くのであれば。

アメリカの現代詩人メアリー・オリヴァーの詩「野生のガン」の一節。

Whoever you are, no matter how lonely, the world offers itself to your imagination.

あなたが何者であろうと、またどんなに寂しくとも、世界はそれ自体、あなたの想像力に委ねられている。だから、「良い人でなければならないことはない」「あなたの絶望を語ってください」と、詩人は勧める。自分自身を大切にするためにも。

057号　誰がために鐘は鳴る

２０２１・３・５

益田教会には、正面建物の壁面に平和の鐘が付けられていて、毎日曜日礼拝前に鳴らす習慣があります。昨年度は、８月６日広島原爆投下を記念して、鎮魂の鐘を鳴らしました。寺院の釣り鐘は荘厳な響きを奏で、余韻にも余情を偲ばせるものが込められていますが、教会の鐘の音は、天空から舞い降りてくる天使のお告げの祈り「アンジェラス」(聖母マリアの受胎告知)のことでもあります。ミレーの「晩鐘」の絵を思い浮かべるがいい。二人の若い夫婦は一日の野良仕事を終えて、ひたむきに感謝の祈りを捧げています。「我らの日用の糧を、今日も与えたまえ」。「主の祈り」をふと口ずさんでしまいます。

ヘミングウェイの小説を映画化した「誰がために鐘は鳴る」が想い出されました。スペイン市民戦争を舞台にしたレジスタンス。レジスタンスという言葉が一番輝いていた青春時代、ボランティアとは義勇兵・志願兵のことばかり思っていました。ラストシーン、命を賭けて戦っている最中、遠くから鐘の音が響き渡ります。あれは、戦場で亡くなった兵士への鎮魂にとどまらず、それを聞いているすべての人のためにも、つまり観客(読者)であるあなた自身のためにも鳴っているのだということを、後で知りました。

「いまや穏やかな響きを立てて、鐘が私に言う。『汝は死せねばならぬ』と」(ジョン・ダンの詩「瞑想録」)。戦争そのものに善悪の評価はないし、勝ち負けもその限りに過ぎないということを、過去の歴史は証明しています。Ａｆｔｅｒコロナに際し、「誰がために鐘は鳴る」のことを思った次第。

058号　コロナ禍の平和の鐘

２０２１・３・25

「誰がために鐘は鳴る」。これは57号のタイトルでした。まことに、いったい誰のために鐘は鳴っているのか。そのことに想いを馳せた時、礼拝は、宣教は、誰のためにあるのかと、自らを顧みました。自分の考えではなく、神の言葉を伝えるのが牧師としての職務であり、それ以外は邪道というのが、この世界の基本的認識です。なのに、逸脱して余りある確信犯を行い続けてきました。

益田教会に来て、はや5年を迎えようとしています。まったく縁も所縁もない新天地に赴任して、ゼロからの出発。それがここに骨を埋めるべく、〝人生の終焉〟をこれからは嬉しく明るく過ごそうとしているのですから、老いさらばえるなど、ゆめゆめ考えられません。

「人口拡大」「地方創生」という標語が空しく響く中で、「少子高齢化」は確実に進み、数十年後には、島根県自体が消滅してしまうとも言われています。なのに、ここの人たちは危機感が希薄なのです。ここが一番住みやすい、のんびりしたところなのです。よそ者の目から見れば、「このままでいいはず」はないのに、なぜか皆さん、良い人が多いのです。新しいものよりも、今も古いものに価値が置かれています。そこが地方の良さでしょうか。見知らぬ者に対しても、道々顔を合わせれば、自然と挨拶が交わされます。「自然営為」に溶け込むことができたのならば、ここは「人生の楽園」ともなるでしょう。

新年度を迎えて、「平和の鐘」を鳴らすことにしました。「天使のいざないの標」が、益田の町にうるおいを届けますようにと祈ります。

059号 もう5年目、まだまだ5年

２０２１・４・７

還暦を迎えた時は、牧師となって5年目。古希となってから、新天地・益田での生活が始まった。そして5年目の春をコロナ禍で過ごしている。あと1年経てば、めでたくも後期高齢者の仲間入りとなる。青春時代の5年間と、いま体験している5年間との相違をふと考えてみるに、どこがどう違っているものなのか、いまだに未成年のまま、ほとんど変わっていないことに、思わず苦笑した。首尾一貫した生き方をしてきたわけでもないが、なんとかかんとかここまで生きてこられたのは、多分に僥倖といったものがあったとしか思えない。「なぜ、あなたではなくて、わたしだったのか」。それは、「なぜわたしではなくて、あなただったのか」と、問うにも等しい。そこに神の差配を感じる。あのとき……。「さまざまのこと思ひ出す桜かな」（芭蕉）

5年目の春はまた、幸町自治会の会長役を仰せつかった。さいわい住むという町に住んでいるのだ。そのためにも、毎朝7時には、「みなが幸せであるように」と、平和の鐘を7回鳴らすことにした。その後、礼拝堂で、お祈りするのが日課となる。（夜も7時には鳴らすことにしているが、これは常時というわけにはいかないだろう）。山のあなたの空遠く、離れているあなたにも、さいわいの鐘の音が届いてくれればと、願い、祈る。5年先は、まだまだ長い。

「若者は幻を見、老人は夢を見る」（使徒言行録二・一七）。夢幻という言葉があるが、幻と夢の違いは、いかに？　幻想と夢想。老いも若きも、人生の3分の1は寝て過ごしているのだ。

「果報は寝て待て」

060号　すべての命を愛する者として

２０２１・５・５

右の表題は、日本キリスト教協議会の本年度の主題でもあれば、活動方針でもあります。「すべてのいのちに寄り添い、祈りを紡ぎ、共に生きる交わり」を求めて、世界人類の平和に寄与すること。なんとまた崇高な理念であり、方針でしょうか。

人というものは、人類愛を唱えれば、誰もが賛同するが、ことわが身のこととなると、自己保全に汲々してしまうもの。「脚下照顧《きゃっかしょうこ》」。まず日頃の自分を顧みて〝如何に〟と自問自答した時、理念と現実とのギャップに多くの人は唖然とするしかないでしょう。「総論賛成、各論反対」といった常識的なレベルで事が収まるようでは、いったい人類の進歩・発展とは何なのかと疑い、悲しくなってしまう。

この長きにわたるコロナ禍の閉塞状況にあって、最先端の現代科学にしても、無生物の寄生ウイルスの猛威に対処できないということは、何を示唆しているのか。昔も今も、偏見や差別、憎悪や復讐から一向に免れていない。だから、争いや戦争も無くなることはない。「平和の水源」と「諸悪の根源」は、もしかすればどこかで通底しているのかも知れない。「いや、そうではない」と、いと小さき声が聴こえる。

今年度「愛には恐れがない」を、当教会の主題として掲げました。恐れ不安になるのは、愛に欠けているから。相手の人を信頼できていないから。希望を抱くことが難しいから。「愛・信・望」。教会の正面壁に、「希望のことば」と名付けた「祈りの箱」を設けました。「脚下照顧」。まず足元から、美化活動に取り組んでいきます。

061号　「人が喜ぶかどうか」それが大事だ

２０２１・５・18

「一歩一歩、平凡に生きていくことは人の記憶には残りにくい。だが、その平凡なことを何十年も続けていくと、いつの日か、遠大な目標も果たされるのだ。当たり前のこと、小さなことをおろそかにしては、目標や希望にはとうてい手が届かない。長い人生を生きてきて、ぼくは心からそう思っている」

これは、アンパンマンの作者・やなせたかしの名言。この4月から自治会の会長となって、私もそう思う。目の届かないところにも気配りし、他の人よりも汗を流す。草刈り、ゴミ掃除一つにしても、おのずから態度に現れるのであって、否が応でも〝自覚〟を促されます。「他の人のために」という利他の心。それは誰もが心の中では抱いているでしょう。なのに、それを実行しているかとなると、また別な話。多くの人がいざ本心（本能）に目覚めると、自利に囚われて「こら、罪人ども。この蜘蛛の糸は己のものだぞ」（芥川龍之介『蜘蛛の糸』）とわめいてしまうのも、またこの俗世で垣間見られる姿であります。

ここでの問い。どちらが正しいのか、それは愚問というもの。二者択一を迫るものではないでしょう。「絶望のとなり」にいるのは「希望」であると、やなせさんは語ります。「あなたは誰ですか」と問われて、「私の名前は希望です」と答えられる人は、そうは身近にいません。人は「パンドラの箱」を開けたために、不幸はとびだしてしまいましたが、それでも中に残ったのは「希望」でした。

このコロナ禍にあって、今日一日を大事にして生きていきましょう。

062号　日本はどこで間違えたのか

２０２１・５・25

この本（『日本はどこで間違えたのか』ＫＡＷＡＤＥ夢新書、２０２０年）は、益田市在住の総務省地域力創造アドバイザー・藤山浩（62歳）の最新刊。書名を見てまず思い浮かべたのが、さだまさし作詞・作曲の「風に立つライオン」の一節「やはり僕たちの国は残念だけれど、何か大切な処で道を間違えたようですね」のフレーズです。

副題は、コロナ禍で噴出した「一極集中」の積弊とあり、腰巻には、「地域社会を切り捨て、選択と集中に溺れた日本。持続可能な社会へと再生する処方箋とは!!」とかなりセンセーショナルな文言が書かれています。

この日本が「大規模・集中・グローバル」路線を積極的に推し進めてきた結果、今日の日本経済の停滞・閉塞を招き、「新自由主義」が日本を劣化させたと、その論法はさすがマネジメント博士に恥じず、多岐にわたる統計手法を駆使して科学的根拠（エヴィデンス）を明らかにすることで、論証しています。ただ私個人が感心するのは、そうした数字による統計指数ではなく、著者の地域・地元への熱い思いであり、「小規模・分散・ローカル」という視点を重んじて、実際に活動を続けているという行動力です。地元とは、「日々の暮らしの舞台」「一人ひとりを認め合う世界」「記憶と風景が紡がれるところ」「共生の生態系」という定義には、もろ手を挙げて賛同します。まさに、そこが地域おこしの原点です。「過疎」という言葉は、１９６０年代、島根県の山間部、匹見《ひきみ》から生まれ、著者はその岩山に立つ家に住んでいます。同じく益田市民として、この本を推奨する次第です。

063号　そこに真実がある

2021・6・1

「県内では31日、一か月ぶりに新規感染ゼロ。5月の新規感染者は193人で、過去最多だった」と、6月1日朝刊「ニュース短信」に掲載。なお別の紙面には、「大阪の死者5月は最多859人。大阪府の累計死者数は全国最多の2315人で、東京都の2055人を上回る」とあり、今日、大都会にて緊急事態宣言の期間が延長されるさ中にあって、この島根県の数字から、人は何を汲み取ればいいのでしょうか。こと数字だけを見れば、大都会に住む人々の目には、ここは別天地のようなところに映るのではないでしょうか。といって、だからここに住もうという気持ちにまではならないでしょう。

確かに、数字の面では圧倒的に少数ではありますが、それは主に人口そのものが少ないということに由来しているのであり、距離的に大都会とはかけ離れているからです。その意味では、決して羨ましがられることでもないのです。いつかコロナ禍が落ち着いた時、どれだけの人がこちらに移住してくるのかとなると、また話は別です。

地域が都会よりも優れて誇るべきこととは、「日常の暮らしの中にこそ、素晴らしいものがある」という点です。都会では味わうことのできない生活（それを地域文化と言ってもよい）を享受することの喜びと感動がなければ、それこそ住んでいても意味がありません。誰に対しても「そこに真実がある」と、自慢げに「わが街」を紹介しえた時、そこは「幸いの住む街」「人生の楽園」ともなるでしょう。足元の宝（魅力）をどう発掘していくのか、未知への探検は続きます。

064号　ひゃこってみんさい

２０２１・７・１

紫陽花を観に、浜田市三隅の奥にある大麻山神社にドライブしたときのこと。路々、紫陽花が咲き誇り、たっぷりと堪能した後、室谷の棚田を一巡りしました。バス停に、「ひゃこる停留所」とあり、なんのことか、隣の連れ合いに尋ねると、それは「大声をかけて呼ぶ」という石見弁で、遠くにいる人に向かって、「ひゃこってみんさい」と呼びかける場合に使われるとのこと。三隅や益田ではよく使われているとのことですが、初めて知りました。このコロナ禍のため、もう1年半も帰省できていません。「ひゃこってみんさい」とはするものの、「こだまでしょうか　いいえ　誰でも」（金子みすゞ）の心境。

「ポツンと一軒家」ではありませんが、知らないところ、人気のないところに行くのが趣味みたいなもので、折を見ては、不要不急の外出をしています。ただ田舎の風景をぼおっと目にするだけでいいのです。「よく見れば　なずな花咲く　垣根かな」（芭蕉）

新聞の死亡欄に目を通すのが、朝の日課となっています。名前と年ではなく、町名を見て、どこに位置するのか、益田市の地図をイメージしようとするのですが、これがなかなか難しい。もうここに住み慣れて5年目にもなろうというのに、一向に益田弁が使えません。これまた、どうにも越すことのできない壁です。たしかに年年歳歳、記憶力は衰え、柔軟性に欠けているのは、自覚して余りあります。でもそれもまた、〝良し〟なのです。なぜならば、「神のなされることは皆その時にかなって美しい」（伝道の書三・一一）からです。

065号　トウキョウオリンピックに想う

2021・7・24

23日開会式の夜、毎週金曜日7時半から始まるＡＡの会（アルコール依存症の自助グループ）にいつものように参加してのち、8時半に夕食を食べながら、フィナーレまで見続けていました。コロナ感染が拡大する異常な状況の中での開催、賛否両論が渦巻き、とんだハプニングも続出し、〝いったいどうなることやら〟と大いに気を揉んだものでしたが、なんとか無事に終わって、主催者の皆さんは〝ほっと〟したことでしょう。これから閉会式まで、19日間の競技が中断されることなく終わってほしいと、まず願います。

それにしましても、「おもてなし」のパフォーマンスで幕を開いた「トウキョウオリンピック」がここまで混乱し、内部組織の醜さを露呈してしまえば、およそ掲げたコンセプト「United by Emotion（感動でつなぐ力）」、「Worlds we share（多様な世界の共有）」が色あせてなりません。そのことは、平和について論じる場合にも共通しています。

「身分の低い者から高い者に至るまで皆、利をむさぼり、預言者から祭司に至るまで皆、欺く。彼らは、わが民の破滅を手軽に治療して、平和がないのに、『平和、平和』と言う」（エレミヤ書六・一三、一四）

オリンピックが年々政治に利用され、興行化され、華やかになっていくのは、時代の趨勢とも言えましょう。そこに異を唱えることはしませんが、半世紀前にも「東京オリンピック」を観た者として、あの頃の感動を〝今一度〟というのは無理な注文なのでしょうか。

066号　あ・り・が・と・う

２０２１・８・１

四半世紀前の作品「大地の子」（山崎豊子原作、ＮＨＫ・ＢＳの再放送）を観ています。阪神大震災の起こった翌年ですから、今も記憶に残り、感動を新たにしています。ラストシーン、長江の川下りの船上で、実の父に「私はこの大地の子です」と答えて、中国に残る決意をする主人公のセリフが、人生の後半生を迎えた今、ある覚悟を促します。「どう生きてきたものか」。その棚卸しをしなければなりません。朱旭演じる養父・陸徳志の後ろ姿、その生きざまから学ぶこと、そのことが一番大事なことではなかったかと、来し方を振り返ってみて、思い知らされます。愛する弟子たちの無理解に対するイエスの後ろ姿も、きっと似たようなものだったでしょう。

誰に対して、何に対して、特別に指定することもないが、「あ・り・が・と・う」と、私もまた多くの人がそうであるように、死の枕元にあって呟くことだろう。神さまが人間に対して与えられた最大の贈り物とは、この「ありがとう」ではないだろうか。国・民族・宗教いっさい関係なく、時代を超えて、誰もが口にする「ありがとう」は、人の生死を麗しく飾るのに一番ふさわしい最高の〝言の葉〟であろう。

このオリンピック競技を見ていますと、勝者も敗者も共に「ありがとう」と言っているのに気づきます。勝った嬉し涙、負けた悔し涙、それもこれも「ありがとう」の土俵の上で真剣に戦っているからこそ自ずと涙が流れてくるのです。人間賛歌の一場面を垣間見ます。

067号　そうじゃけえねとアーメン

2021・8・1

「赤旗」日曜版8月1日号に、作家・梨木香歩による話題作として、吉野せい『洟をたらした神』（彌生書房）が紹介されていました。初版が1975年、著者76歳の処女作。かれこれ半世紀前の作品なのに、感銘を与え続けています。中でも、乳飲み子の次女を失った時の慟哭の書「梨花」は、宮沢賢治が妹とし子の死を悼んだ詩「永訣の朝」と並んで、特筆に値します。無名の老婦であった吉野せいに、草野心平は、「自分のもの、あんたにしか書けないものを書け」と励ましました。

「昭和は遠くなりにけり」。AI（人工知能）、IT革命の時代。今や、時代からも取り残されてしまうような世代となりました。そのためか、昨今の風潮や論考には違和感を覚え、「違うんだな」と独りごちしてしまいます。文明がどんなに発展しようとも、「ずっと人間というものは一生懸命生きて命をひきついできたと思うんですよね」（石牟礼道子）に尽きます。なにも懐古趣味に浸るのではありませんが、かつて学んできたことの方を優先して、混迷した今の世を生き抜いていき、またそのように実行していかないと、嘘の人生となるでしょう。

益田弁で「そうじゃけえね」と、よく耳にします。「ほんま、あんたの言うことは、そうじゃけえね」。「そうですね」と、心の芯から同意を示しています。理屈を超え、思想信条の違いなど気に懸けず、裸と裸の心が優しく触れ合い、互いの信頼の上で交わされる「あいさつ言葉」。ふと思いました。これは、キリスト教の「アーメン」ではないかと。祈りの後に「まことにその通り」と、一同が唱えるのです。

068号　正しく恐れよ――ハグという行為

2021・8・10

オリンピックもようやく閉会式を迎えました。もともとスポーツ観戦は嫌いな方ではないので、開催中、観るともなく観ないともなく、適当につきあってきたようです。どの場面に感動したのか、それはおそらく観戦者の皆様とほぼ同じでありましょう。手に汗を握ったり、感情移入が昂じて、思わず競技者と一緒に涙してしまうこともしばしばでした。多くの選手がこのオリンピックに出場し、勝つために、今まで全精力を費やしてきたのです。その結果、勝つにしろ負けるにしろ、真剣さが滲み出ています。そして勝ったとき、選手は共に戦った仲間やコーチと思い切りハグします。それが異性であっても、ちっとも不自然さを感じさせません。ましてや、それを見て、セクハラと非難し、SNSに投稿する人もいないでしょう。もし、それをも不潔と感じるようであれば、セミの声を聞いて、うるさいと騒ぐのと同じです。

「ものをこわがらな過ぎたり、こわがり過ぎたりするのはやさしいが、正当にこわがることはなかなかむつかしいことだと思われた」（寺田寅彦『小爆発二件』）。このご時勢、コロナ感染を無闇に恐れ、神経過敏なまでに反応してしまっている〝こわがり屋さん〟がおられます。また「陰謀論」などおよそ論外としか思われないのに、結構その信奉者なるものがいて、それだけ世の中、不確かさと不安とが蔓延しているのでしょう。「過ぎたるは猶及ばざるが如し」。過度な反応のところに正解はありません。今こそ、人としての本質が問われています。

正しく恐れよ。「神を畏れ、その戒めを守れ」（コヘレトの言葉）

069号　行く川の流れは絶えずして

２０２１・８・29

この8月は、夏休み（バカンス）のない夏でした。おそらく、多くの方もそうだったでしょう。益田市は今までほとんど感染者が出なかったのに、突然降ったかのように10名という数字が現われ、その後も日々数人続いています。また、7日には「すわ、高津川氾濫」との報道に、近隣住民は緊急避難を強いられました。コロナ禍は今やすっかり日常化し、その感染対応もマンネリ化するほどに、日々の生活の中に組み込まれてしまっています。そうした状況の中で、オリンピックや高校野球が行われ、木漏れ日のような感覚で〝平和〟なるものを感じてはいたのですが、アフガニスタンではタリバンが支配して、前政権を転覆させ、嫌が上でも〝戦争〟の生々しさを見せつけられました。今や、自然災害もパンデミックも他人事とはなりえず、いつ我が身に及んでも不思議ではありません。

それにしても、ウイルスは無生物であり、自らでは増殖できず、人間を宿主として寄生する存在でしかないのに、かくも猛威を振るい、人類をして不安と恐れを与え続けて止まない。ウイルスの感染拡大を恐れるよりも、その情報（数字）の受け止め方に過敏に恐れていたのではないだろうか。「ほどほどに」恐れることで、もう少し違った対応が出来なかったであろうか。自分が自分らしく生きていくことができないようであれば、過多の情報は災いでしか作用しない。

「行く川の流れは絶えずして」。自然の大きな流れの中で、現代人も生かさせてもらっているに過ぎないことを、この際に認識したいものである。

070号　ホピの予言

2021・9・4

偉大なる精霊よ／その声を私は風の中に聞き／その息吹はこの世界の全てに命を与える。／偉大なる精霊よ／私はあなたの多くの子どもたちの一人として／小さな弱い人間の一人として、あなたの前に立っています。／どうか、私にいつまでも赤々と燃える夕空を見守らせてください。／一枚の木の葉、一つの岩の下にも／あなたがそっと秘めた数々の教訓を知ることができるように／私を導いてください。／偉大なる精霊よ、／私の命があの夕焼け空のように消えるとき、／私の魂が何の恥じ入ることもなく／あなたの御許にゆくことができるようにさせてください。（ネイティブアメリカンの祈り）

このコロナ禍にあって、私達の心は不安と恐れに激しく揺らいでいます。また、昨今の日本の政情不安は留まるところを知らず、何が正しくて間違っているのか、その答えを見出すことは甚だ困難です。アフガニスタンの政権転覆に至っては、人道支援や民主主義の正義や理念そのものが瓦解しているようにも思われます。果たして、人類の行く手に平和と調和がもたらされるのでしょうか。そのような時に、このホピの予言に出会いました。

「心こそが物事を動かす偉大なるてこである」

「まもなく世界は、本来の調和を取り戻すべく大きな試練をくぐり抜けることになる」

個人の営み、それがどんなものであれ、自然の生態系の中で行われていることを知るのならば、ほんの少しでもおおらかな気持ちになれるのではなかろうか。

071号　お名残惜しゅうございます

２０２１・９・14

伊藤亜紗編『利他とは何か』（集英社新書）、末木文美士編『死者と霊性―近代を問い直す』（岩波新書）、石牟礼道子&伊藤比呂美対談『死を想う』（平凡社新書）を読む。

「いまのコロナ禍も、何にも聞こえてこない。なぜこうなってしまったのか。なぜ『宗教』は言葉を失ったのか。これはとても大きな問題であって、宗教が言葉を失ってしまったら、存続することがなかなか難しくなってくる」。この若松英輔の発題に対して、思わず絶句しました。指摘されるまでもなく、総じて宗教家の発言が重んじられることはなかった。逆に見れば、危機的な状況にあってこそ、宗教の本質が明らかになるとでも言えよう。いったい今のような時代にあって、宗教の果たす役割とは何かが、この3冊の本から学ぶこととなった。

パンデミックの語源は、〝全ての人々〟。たしかに新型ウイルスは全世界を覆いつくす脅威を与えたのだが、その対応となると、人間の知識やエヴィデンスだけでは解決できないことも明らかにしました。残念ながら、人智の及ばぬところもあるということを、いみじくも露呈しました。そこで、「死を想う」ということも身近になったのでないでしょうか。「お名残惜しゅうございます」。誰もがそう呟いて、お別れする。この「寂しさ」の共有感覚こそが、良い意味での「パンデミック」です。「人は何かしらあらぬ世を生きていますよ」「それでお互いに、なるべく波風立たないように、お互いに不必要に苦しまないように気を遣って、努力はしていると思うんですよ」（石牟礼道子）

072号 やさしい目が

2021・10・1

毎朝、連れ合いと讃美歌を歌うのを日課としています。今朝は「やさしい目が」を歌いました。「やさしい目が、きよらかな目が、きょうもわたしを　見ていてくださる。『まっすぐに　あるきなさい』と見ていてくださる」。10月に入って、緊急事態宣言・まん延防止等重点措置も解除され、爽やかな秋空の下「うれいも、恐れも、みなうしろに投げすて、こころを高くあげよう」となりたいものです。とはいうものの、相手の目を気にして、こころを低くして、下ばかりを見て、まっすぐに歩けない人もまた、多く目にします。

旧知の友からの手紙に、「感謝・ありがとう」の言葉のなりたちが書かれていました。サンスクリット語によれば「(他人から)なされたことを感じ知る」とあり、それを漢訳して「感謝、謝恩、恩、知恩」。ちなみにフランス語の「merci」には、慈悲、恩恵、哀れみという意味もあります。要するに、他者(ひいては絶対他者である神)の存在があっての自分であり、造られたもの(こと)を知るのが、感謝の意であるとなります。だから古来、宗教家の語る言葉は「有り難い」となっているのですが、それも怪しくなっているのが今日の状況です。

漢字の「謝」には「告げる」と「謝る」の意味あり、まっことの話、生きるとは「ありがとう」と「ごめんなさい」の二つの言葉に集約されるのも〝むべなるかな〟であります。いずれにしましても「生きとし生けるものが幸せでありますように、安穏でありますように、安楽でありますように」と、今日も祈り続けています。

073号　まっすぐな道はさみしい

2021・10・12

コロナ禍からコロナ下に入ろうとしています。全国の感染者の数が日に1万人を超えた時のことを比べれば、このところ数百人を切り、数字だけを眺めれば天と地のほどの差がありますが、いつ第6波がやって来るかも知れず、当然の対策として、まだまだマスクと手指消毒は欠かせないでしょう。その限り、出口は見えず、不安と恐れは消えることがありません。それにしましても、この2年近くに渡ってのコロナウィルスがもたらしたものはいったい何であったのかを、人類史的尺度で検証してみる必要があります。またそれとは別に、その間に、親しき人を何人も喪ってしまいました。

もう13年前にもなりますが、57歳で亡くなられた柳原和子さんの本『百万回の永訣』を紐解いてみました。11日、がんのため66歳で召された野田和人牧師（神戸栄光教会）を偲んで……。柳原さんとは、医療裁判を行った『娘からの宿題』の著者・長尾クニ子さんを通して、個人的にお付き合いをさせていただきました。当時、まさか彼女ががんになるとは思えず、その後の歩みはがん闘病生活の本を通して知りました。「No Pain, No Gain」（痛みなくして、得るものなし）を、まさに実践されていました。彼女の最後の文章「ああ、木に出会いたい。海に出会いたい。光を浴びたい。自然を取り戻したい。贅沢な希望」。

「まっすぐな道はさみしい」（山頭火）。何年、何十年と経とうと、いつまでも忘れられない人は、「まっすぐな道」を歩いた人でした。

今、この地にあって、わたしは贅沢な希望を味わっています。

074号　地球交響曲

2021・10・25

24日昼下がり、「第30回しまね映画祭」による企画「地球交響曲―第九番―」（龍村仁監督）を、グラントワ（芸術文化センター）で観ました。「地球はそれ自体がひとつの生命体である」とするガイア理論に基づいて制作された映画。大ホールに観客はまばらでまことに淋しい限りでしたが、大スクリーンと大音響は迫力満点で映画の醍醐味を満喫しました。終了後、プロデューサーの龍村ゆかり氏のアフタートークもあり、地球という大いなる生命体のなかで、人間もまたその中の一個の存在として生かされていることを改めて痛感させられました。

〝いのち〟の定義の一つに「恒常性」があります。地球もまた、ある一定の環境を守ろうとしているのであり、だからこそ、その中にあって生物は生きていられるのであり、その生きとし生けるものすべてにあっても「常に保っているもの」が基礎（大前提）となっていること。「常にありて、常ならず（無常）」世の中ではあれ、人をして人たらしめているのは、「想像力」という〝神の翼〟ではなかろうか。かくて過去の人の想像力によって、今があるというのであれば、いま私たちは何を想像（創造）していけばいいのか。その瞬間、あなたはどのように生きていくのか。何を選択し、決断しようとするのか。

フィナーレは、小林研一郎指揮による「第九」の演奏。今まで何度となく聴いてきた「第九」なのに、これほどまでに感動したことはなかった。「ガイアの声」を聴くことができた。言葉ではなくて、音（交響曲）によって、魂の揺さぶられた歓喜の瞬間でもあった。

075号　山は動いた（もう一つの選挙特報）

２０２１・11・1

「日々の暮らしのなかで、〝今、この瞬間〟とは何なのだろう。ふと考えると、自分にとって、それは〝自然〟という言葉に行き着いてゆく。目に見える世界だけではない。〝内なる自然〟との出会いである」（星野道夫）

衆議院選挙が終わった。何も変わらなかった。50数年間、９割以上負ける方に投票していたようだ。天の邪鬼でも判官びいきというのでもなく、かつてノンセクトの一員としてデモに参加していた意地のような気持ちがそうさせている。１９８９年の参議院選挙で当時の社会党の委員長であった土井たか子がマドンナ旋風に乗って大勝した時、「山は動いた」と名セリフを吐いた。

「この山にむかって、動き出して海の中にはいれと言っても、そのとおりになるであろう」（マタイ二一・二一）を典拠としている。選挙が風の吹き次第で影響されるようでは、なんとも低次元な俗っぽい限りではあるが、それがまた現実である。勝てば万歳三唱、負ければ己の実力不足を支援者に詫びる構図は、昔も今も変わっていない。戦い終わって、日は過ぎる。

「結果が、最初の思惑通りにならなくても、そこで過ごした時間は確実に存在する。そして、最後に意味を持つのは、結果ではなく、過ごしてしまった、かけがえのないその時間である」「人と人が出会うということは、限りない不思議さを秘めている」（星野道夫）

たとえこの世の勝負に負けるようなことがあろうとも、神さまは「逃れる道」を用意してくださっている。そのことは信じていいいし、その意味では「山は動く」。

076号　故旧忘れ得べきや

2021・11・15

11月8日から12日まで、ほぼ2年ぶりに帰省して、無事益田に戻りました。「いってかえり」（いっでも帰っておいで）と呼ばれるような牧師に「わたしはなりたい」と「益田っこ」2号に記して、4年半にもなりました。〃はや〃と言えばいいのか、それとも〃もう〃なのか、なんとも形容しがたい感慨のうちに日々暮らしています。もとはと言えば〃よそもの〃に過ぎない〃神戸っこ〃が、「益田っこ」としてこの地に骨を埋めようと思ったこと自体、そのバックグランドには70年の人生体験が秘めた動機となっています。

「あなたは生まれ故郷　父の家を離れて　わたしが示す地に行きなさい」（創世記一二・一）というアブラハムの召命にも似て、70を過ぎての新たなる人生の出発でもありました。

その際、教会という活動（生活）の場が与えられているからこそ、この地にて生きていくことができるのであって、教会あっての「わたし」です。益田市は神戸市や甲子園と違い、全国的には名も知られていない一地方都市に過ぎませんが、「人が住んでいる」その一人ひとりの生活ぶりを身近に、親密に感じることができます。シティにはなれない田舎の良さが益田弁にも現れていて、それが田畑・川・山・海の風景と溶け合っています。「住めば都」ではなく「住めば田舎」であったことで、一日一日が空気のように流れて去っています。でも時には、あの寅さんのように、ふらっと離れてみることで、しばし「故旧忘れ得べきや」と望郷の念に浸るのも、また〃良し〃であります。

077号　孤独は荒野ではない

2021・11・28（納棺の辞）

「人生ほど　生きる疲れを癒してくれるものは、ない」（ウンベルト・サバ『ミラノ』須賀敦子訳）

この28日、小川綾子さん（89歳）の家族葬を教会で行いました。ご親族5名だけが出席してのささやかなお別れの時でした。「いつくしみ深い　友なるイエスは」を共に讃美し、7年前一人娘の京子さんの召された天国に同じ住まいが与えられるようにと、納棺の辞を述べました。従妹から「おばあちゃんは死ぬ以上の苦労をしてきた人だ」といわれた人生だったようですが、京子さん（元信徒・享年57歳）もそれに劣らず、躁うつ病に罹り辛い人生を過ごされていました。

京子さんは『私の三十代―須賀敦子さんの死によせて―』というブックレットを2012年に上梓されていました。須賀敦子、松下竜一といった名前を拝見した時には、同じ仲間としての親近感を抱きました。

「虚像と実体のあいだに横たわる溝の深さとは、どんなものだったのだろうか」「共生へのきっかけは、知ることや分析して因果関係をつまびらかにすることからうまれてこないように思う。（それは）言葉ではなく、人の肌のぬくもりと息づくもののやさしさなのだから」

そのように書いていていながらも、日々焦燥感と孤独感に悩み苦しみ、逃げ場のない闘いを強いられていました。しかし、あなたたち母娘はもう心を騒がせなくてもよいのです。安らかにお眠りください。

「私があれほど焦がれたものは実らなかったのに、ふいに向こうから差し出されることがある。出会いの不思議さを今、切実におもう」

078号 この冬は、湯たんぽで

2021・12・13

２０２１年も、あと数週間で終わろうとしています。相変わらずのコロナ禍にあって、恒例のゆく年くる年を味わうような気分にはなれません。クリスマスを迎えようとしても、同じような心境。初夢に希望を抱くことなど、どこか遠い夢の話。それこそ異常な事態でありながら、それでもこうもその状態が長く続くと、マスク姿が当たり前の光景となるように、そこに麻痺してしまっている自分に唖然としてしまうことがあります。オンライン然り、対面よりも、画像を通じてのコミュニケーションが常態化すると、これからどうなるものか、そのことを危惧するよりも先にギャップを感じてしまいます。ネット交流も、メールはともかく、フェイスブックやラインやツイッターなど必要とする以外は、今後とも積極的に関わることはないでしょう。というか、どこかで一線を引くことで、今の流行（流れ）に巻き込まれたくない意識が働きます。もうこの齢にもなって今更……でもないでしょう。

この冬、布団の中では湯たんぽで暖を取っています。昔は、そうするのが当たり前でした。それがどこの風の吹きまわしか、スーパーの特売で買い求め、いま結構重宝しています。朝まで温かい、ですよ。

ところで先般、ＮＨＫ・ＢＳ放送『日本縦断こころ旅』で、益田市が舞台になるとの告知が市の広報誌に掲載され、それへの手紙に応募したところ、見事に不採用となりました。

079号　そがーそがー、そがーじゃろうね

２０２１・12・28

この年２０２１年も、あと数日経てば新しい年を迎えるばかりとなりました。年を取ると、時の過ぎるのも早く感じられるとは、よく言われることですが、まさに「そがー、そがー」と実感します。

５年目のお正月は、ここ益田。生活のパターンは来た当初と余り変わっていません。６時ごろ起床。ＦＭ「古楽の楽しみ」を聴きながら、新聞を読み、７時には「平和の鐘」を７回鳴らし、会堂にてお祈りしてから、朝食。午前中は主に机に向かい、昼からは自由行動。夕食は大体７時。12時ごろ就寝前に読書、というのが日課。サラリーマン時代と違って、ほぼ自由に時間を使えるのは有難いことです。その有難さも日常化しますと、単調になってしまいます。「そがーじゃろうね」とまれ。いろんな人との出会い、交わりに恵まれているのも、牧師という職業の特権であろう。若い人に対しては、こう言いたい。「生きてきたみんなが、必ず出会わなければならない人がいる。それは、自分。その自分と出会っていない人が多くて」（岡部伊都子『賀茂川のほとりで』）

「自分のことは自分が一番よく分かっている」と人はよく言うが、自分ほど不確かなものはないのもまた、事実であろう。その自覚があればこそ、「たゞいちばんのさいはひに至るために　いろいろのかなしみもみんな　おぼしめしです」と賢治さんは言うのです。

さて、後期高齢者になろうとする私は、これからも「すべて私たちの探求の終わりは、出発の地に辿り着くこと。そしてその地を初めて知るのだ」（T・S・エリオット）を目指して歩むことになろう。

080号　『数学する身体』を読む

2022・1・6

この年末年始、森田真生『数学する身体』（新潮社）を読んでいました。今までも、森毅、藤原正彦、岡潔の本などを読んでは、もっぱら数学者の人間像や数学史の面白さに魅かれていました。数学とは美学であり、哲学であると同時に、数学するとは宗教にも近いものであることを知りました。

岡に言わせれば、「『数学は零までが大切』である。職業にたとえれば、数学に最も近いのは百姓だといえる。種子をまいて育てるのが仕事で、そのオリジナリティーは『ないもの』から『あるもの』を作ることにある」「心の働きそのものを、人間の意志で生み出すことはできない。人間にできるのは、それを生かし、育てることだけである」の箇所などは、「しかし、成長させてくださったのは神です」（コリントⅠ三・六）と似ている。

「ものの見えたる光いまだ心に消えざるうちにいいとむべし」（芭蕉）。これは、「また見付かつた、何が、永遠が、海と溶け合う太陽が」（ランボー『地獄の季節』小林秀雄訳）の心境とも重なり合う。「松のことは松に習え。竹のことは竹に習え」

「宗教とは何であり得るのか」。いまや宗教と科学、東洋と西洋といった二分化ではなく、「自他を分かつ『内外二重の窓』を開け放って、大きな心に『清冷の外気』を呼び込みたい」ものである。「人はみな『本当は何もわかっていない』」のだから。著者の感慨に倣えば、「要するに、この世にあるという経験のすべてが、私という一個の人間の成立を支えている」ということに尽きよう。おそらく、あなたも。

081号　落ち葉は風をうらまない

２０２２・１・17

独立研究者・森田真生の寄稿「自分でないものの力」（朝日新聞、２０２２年1月14日）を読む。

「空がある、静寂がある、いまがあるということ。それがどれほど嬉しく、ありがたいか」「自分ではないものの力を借りなければ、僕たちは一日たりとも生きることはできない」

「宇宙のどれほど遠くを探しても見つからないもの――それはすべての人の最も近くにある」

今またコロナ感染が急激に拡大している状況にあって、このような言葉に触れると、ほっとします。たしかに現状はパンデミックに近いのですが、だからこそ今まで〝あたりまえ〟に享受していたものの有難さに目が覚めます。まさに今日まで生かされてきたことの「かたじけなさ」に身が震えます。

柳田国男は、コトノハ（言の葉）を事の葉、心の葉とも捉えています。本居宣長の「もののあわれ」、ヨハネ福音書の「初めに言（ロゴス）があった」にも通じ、生きることの意味を考えさせられる昨今です。

今みんなが不便・ストレスを強いられ、恨み節が蔓延しているからこそ、あの座頭市の名セリフ「落ち葉は風をうらまない」が、なんとなく懐かしく、甘酸っぱく蘇ってきます。「人間は自分が痛い思いを経験するから、人の痛みも分かる。情を知る訳だ。情を知ると、自分が不幸になっても人には幸せになって欲しいと思うようになれる」（勝新太郎）

082号　ソラリスの海とコロナ・ウイルス

２０２２・１・22

第6波が来襲。猛威を振るって、感染者の数は留まるところを知りません。いつ収束するものか、まったく予想もつかず、多くの人が不安と恐れの中で生活していますが、その数字に翻弄されるのではなく、いったいこのコロナ・ウイルスとは何なのか、人類に対して何を示唆しているのか、その本質的な側面を考えなければなりません。

発生当初、「コロナ・ウイルスから人類への手紙」に象徴されるように、「私はあなたから快適さを取り除きました。そして私は世界を止めました」と地球環境保全の観点から、このコロナ禍を捉えることができました。しかし今やそれだけでは終わらず、このウイルスを通して、「人間がこの地球上に存在する意味、価値」が問われています。

そこで、スタニスワフ・レムのSF小説『ソラリス』（早川文庫）を紐解きました。「この海は盲目なんだから」「何の意味ももたない単なる形態の模倣にすぎなかったからである」「それは何も救いはしないし、何の役にも立たない、ただ存在するだけだという神だからね」「底知れぬ絶対的な沈黙の力」「擬態だ」「私を木の葉のように翻弄しておいて、しかもそれに気づかないでいるようなこの液体の巨人」。もとより、ソラリスの海とウイルスとを同一視できませんが、「人間にとって」という視点ではなく、「自然・地球にとって」を主にした場合、人の命、ましてや一人ひとりの人生など、露ほどにも顧みられないということです。「母なる地球」は人類よりも先にウイルスを産んだというのならば、自然・ウイルスとの共生・共存とは如何に。

083号　道は近きに在り、事は易きに在り

２０２２・１・27

27日、この島根県でも全域にわたって「まん延防止等重点措置」が適用されました。直近の感染者の数字だけを見ていたら、それも已む無しと思わないでもありませんが、益田市では今までほとんど感染者が出ていなかっただけに、「ブルタース、おまえもか」（シーザー）と、思わず呟いてしまいました。これからまた特殊なるものが絶対化され、非日常が日常にと変容していきます。では、私たちはその変化に対して、どのように対処していけばいいのでしょうか。

以下、森田真生『数学の贈り物』からの抜粋。

「私たちが直面する重大な問題は、その問題が生み出されたときと同じ水準の思考によっては解決できない」（アインシュタイン）。政府にしろ医療専門家にしろそのコロナ対策は、心もとないと言わざるをえません。「道は近きに在り、しかるにこれを遠きに求む。事は易きに在り、しかるにこれを難きに求む」（孟子）。現代人たる私たち一人ひとりは、本当に大切なものはなにかを見失い、根本的なところで文明病に犯されてしまったのだろう。「研究するとは、情熱（パッション）をもって物事を問うこと以上のものでも以下のものでもない」（A・グロタンディーク）。本来ならば、ワクチンは新型ウイルス撲滅の救世主になるはずなのに、そうとはなっていない。いずこに原因ありや。「はかないこの世界を、思いやり、思い入り、そこにはからずも到来してくる現在という贈り物を、僕は自分自身の言葉でつかみたい」（森田真生）。「いま、ここにいるということの有難さ、嬉しさ」を、私もしみじみと味わいたい。

084号 ただ今、コロナ中。カルペ・ディエム

2022・2・9

ものごとにはなべて、前と今と後があります。というか、前と後に囲まれての今です。今を生きるということは、過去を含めて未来をも想定してこそ有意義なものとなります。2年余りの長きに亘って続いているこのコロナ禍も、時の物差しによれば、「ただ今、コロナ中」ということでしょう。

ラテン語に「カルペ・ディエム」という格言があります。「その日を摘め」という原語から、「今という時を大切にしなさい」「今を生きろ」という意味にもなります。それを人間的な動機から、「食べたり飲んだりしようではないか。どうせ明日は死ぬ身ではないか」(聖句)と思い違いしてはなりません。「今を生きる」ということは、「メメント・モリ」(死を想え)と対句になって考えるべきでしょう。人は必ず死にます。それがいつの日かは神のみぞ知るです。だからこそ、この今が大切なのであり、生きていること自体が素晴らしく尊いのです。

このコロナ禍にあっても、同じことが言えるでしょう。その間、今まで当たり前に享受していたことが、そうならなくなったことで、究極的には「今は、死と隣り合わせ」であることを意識させられました。

ここで改めて考え直してみましょう。「われわれ人間は、ウイルスと戦わなければならないのか?」決してそうではないでしょう。人間が進化すれば、同じようにウイルスも進化しているのです。今だけの尺度で見るのではなく、長いスパンで眺めれば、共生しあっていることが証明されています。人間の傲慢さをこそ顧みる「今この時」です。

085号　ルーティン

2022・2・21

「気持ちのみ若きが危ふ、両手いっぱい荷物を持ちて水溜まり跳ぶ」（小島ゆかり）

戦後生まれにしても、この3月の誕生日から、なんと後期高齢者の仲間入りをすることとなります。古希を迎えて、益田市民となり早や5年。気持ちだけは若く、ロマンティックな性格はいよいよ磨きが増し、冒険心も一向に衰えを知りません。それに比して、身体能力はおろか記憶力も減退しているのは自覚して余りあり、〝無理は利かない〟ことを日々思い知らされます。誰が忠告してくれたものか「年相応に」が、いちばん無難な生き方なのでしょう。

ルーティンという言葉に考えを巡らしてみます。日課、日常の仕事、習慣（慣習）。決まりきった、相変わらずの、単調な、という意味。人はそれぞれにルーティンがあるわけであって、朝起きて夜眠るまで、ほぼ同じようなことを繰り返して生きています。牧師の場合、毎日曜日の礼拝はまさしくルーティンであって、それを軸にして1週間が回っています。たとえコロナ禍であろうとも、災害に遭おうとも、身内に不幸があろうとも、何はともあれ礼拝は守るべきものであるのです。

しかし、この基本軸がぶれたり、崩れてしまったのならば、どうなるのか？　このコロナ禍のために、己のルーティンを維持できなくなった人や、余儀なく生活そのものが破綻してしまった人や、中には身近に亡くなられた人もいるでしょう。それであっても、この世のルートはいずれ天の国にと至るまでのプロセスなのです。「桜梅桃李」。あなたはどこまでもあなたであって、そのままを大切に生きてほしい。

086号　益田で映画「MINAMATA」を観る

2022・2・28

礼拝後の昼下がり、益田で14年ぶりに再開された「Shimane Cinema Onozawa」にて、写真家ユージン・スミスを主人公にした映画「MINAMATA」を観ました。約2時間、映画の魅力をたっぷり味わって、会場を後にしました。200席のキャパには10数名の観客しかいなくて、その点は寂しかったのですが、観るだけの価値は十分にあり、支配人の和田浩章さんおススメなのも納得。もう半世紀前にもなるでしょうか、神戸の映画館で土本典昭監督の「水俣」を観た時は、私もまだ20代でした。これは公害問題の嚆矢ともなったドキュメンタリー映画で、比較はできませんが、共に観る者の魂を貫きました。

「写真は撮られる者だけでなく、撮る者の魂すら奪う。だから本気で撮れ」と語る主人公のセリフは、牧師たる者「我が身さえこそ揺るがるれ」(『梁塵秘抄』)でした。あの一枚の写真「風呂の中、胎児性水俣病の娘を抱いている母の姿」に思わずミケランジェロの「ピエタ」がだぶってしまいました。「一枚の写真が世界を呼び覚ます」というコピーどおり、至高の美しさと形容してもいい程の完璧な決定的な瞬間でした。そして世界を震撼させるほどの衝撃を与えたのでした。

時をほぼ同じくして、1972年2月に「連合赤軍事件」が起こり、50年の歳月が経ちました。当時90%近い視聴率をあげたことなど、『今昔物語』ではないが、「今は昔」「と、なむ語り伝えたるとや」となってしまっています。コヘレトの言葉「すべてには時がある」をしみじみと感じる今日この頃です。「戦いの時、平和の時」。なんという空しさ。

087号　18歳の彼

２０２２・３・５

一時代を画した高橋和巳、キング牧師、ボンヘッファー（ドイツの神学者、ヒットラー暗殺計画に連座して処刑）は39歳の若さで早世。その倍近く生きてきて今日は75歳の誕生日、牧師となって20年を迎えている。それまでは本屋人として27年間生きてきた。先日、書店時代の仲間、飲み友達の川口正さんが癌のため亡くなられたという訃報を受け取った。月夜、イタリア系のシャンソン歌手ダリダの「18歳の彼」、ピアフの「愛の讃歌」、ちあきなおみの「朝日の当たる家（朝日楼）」を聴きながら、ひとり酒を酌み交わして、彼を偲んだ。

約半世紀前、恋していたわたしはもういない。あの当時、夢中になったフランス文学・映画やロシア文学も、過去のものとなってしまっている。75歳の彼はシルヴァスタインの絵本『おおきな木』の〝ぼく〟のように、今や切り株の上に座っているような年寄りになってしまったが、「もう、おしまい」というわけにはいかない。原題『The Giving Tree』（与える木）、与えるという役割はこの後も続くとだろう。この後の人生は「受けるよりは与える方が幸いである」（使徒言行録二〇・三五）の方に舵を切るように身をもって示したいものである。

新聞掲載「益田市の死亡記事欄」に目を通している。ほとんど知らない人ばかりの「無名人生録」。80、90代が圧倒的に多い。どのような人生を送られたものなのか、想像することもできない。でも翻れば、誰もが18歳の青春を過ごしてきたことには間違いない。願わくば「朝日の当たる家」が、ほんわか憩える安らぎの居場所であってほしい。

088号　悪霊に取りつかれた男、その名はプーチン

２０２２・３・13

「われはわが咎を知る。わが罪はつねにわが前にあり」（詩編五一・五）
「悪霊どもはその人から出て、豚の中に入った。すると、豚の群れは崖を下って湖になだれ込み、おぼれ死んだ」（ルカ福音書八・三三）

ロシアがウクライナを侵攻して半月と経ち、事態は一向に平和的解決へと向かわず、ますます深刻化している今、「なぜ、このようなことが平然と行われたのか」を、罪と悪霊の観点から論じてみたい。

世界中の人々は勿論のこと、普通のロシア市民でさえ、「これは狂気の沙汰」と思っているだろう。「なぜ、そこまでやるのか」。それを単に「平和と人権」を訴えるだけでは、事の本質・解決に迫ることはないだろう。ヒットラーがポーランドを一方的に侵略したように、プーチンはあくまで「戦争の論理」（破壊と暴虐と殺人が正当化され、許容される）を貫いているだけのこと。周りから、とやかく非難される筋合いはないとの姿勢で強行突破を図ろうとしている。一旦決断して拳を上げたからには、容易に下ろせるはずもない。ロシア大統領としての権限を遂行すること、それが彼のいのちの証でもある。「ロシアを守れ、救え」。それはまた自分を中心とする世界以外のものを認めない偏狭な愛国主義となり、人間の本能に基づいた「罪の歴史」をいみじくも実証している。「たくさんの悪霊がこの男に入っていたからである」。そして「豚の群れに乗り移り、おぼれ死んだ」。人を愛する優しい心が持てず、家庭人としての父親になれなかった「権力への意志」の塊のような彼に対して、悪霊は「かまわないでくれ」と叫ぶ。

089号　プーチン、汝権力への意志に憑かれたるかや

2022・3・15

世界中を震撼させて余りあり、なおかつ批判の対象は集中砲火を浴びるほどにプーチンに向けられているのに、今もウクライナ情勢は予断を許さない。なのに彼は泰然自若として悔いるところがない、そこが謎であった。彼の野望が、かつてのソビエト連邦帝国の復興と栄光を望んでいることは周知の通りであろうが、一国の独裁者として君臨し続けていくためには、そこに哲学があるはずだ。それをニーチェの「権力への意志」（我がものとし、支配し、より以上のものとなり、より強いものとなろうとする意欲。善とは何か——力の感情を、力への意志を、人間のうちにある力そのものを高めるすべてのもの）に求めたい。つまるところ、彼は自分自身がロシアの国と一体化して、その救い主たらんとして暴虐の限りを尽くしている。盲目の「裸の王さま」となったとしても、恐れるに足らずである。そのような男には、市民の日常生活の光景など眼中にない。その限り「助けてください」という無辜の市民の声など耳に入ることはない。生き馬の目を抜くような熾烈な権力闘争を戦い抜いた男の生きざまにとって、「悪とは何か——弱さに由来するすべてのもの」（『アンチクリスト』）となって何ら不思議でもない。人の人としての心を失った彼に（理解されることはないだろうが）、源実朝の歌（「百人一首」所収）を与えたい。

世の中は　常にもがもな　渚漕ぐ　あまの小舟の　綱手かなしも

世の中は常に変わらないものであってほしい。浜辺を漕ぎ行く漁師の小舟が綱に引かれている、そうした光景を見るにつけ心が動かされる。

090号　独裁者プーチンの好きな名言あれこれ

２０２２・３・20

「人を殺せば犯罪者だが、１００万人殺すと英雄になる」（チャップリン『殺人狂時代』）。「たった一つの死は悲劇だが、１００万人の死は統計に過ぎない」（スターリン）。「私にとって、暴力はまったく道理に叶っている。妥協や取引などよりよほど道義的である」「流された血により、時は進んでいる」（ムッソリーニ）。「命は弱さを許さない」（ヒットラー）。今回のロシア軍によるウクライナ侵攻を目の当たりにして、戦国時代の世ならばともかく、21世紀に入っても、文明の進歩たるや、あのような愚行に走って自己正当化できることを、いみじくも論証してしまった。まことに歴史は繰り返す。「戦争と平和」はつまるところコインの裏表に過ぎない。

いったい誰が独裁者を作り出したのか、独裁者の暴虐を許してしまったのか。それを単にロシア国民に帰するのは短見に過ぎよう。「罪人にはおのれの罪が見えない」ように、そこに「悪の論理」が働くのならば、たとえ「狂暴なる情欲」に囚われようとも、正義の御旗を掲げることで、何をしても許されるのだ。しかし他方、人は「悪そのものをとおして神を愛すること」（シモーヌ・ヴェイユ）を体得している。

「絶望してはいけない。私たちに覆いかぶさる不幸は、単に過ぎ去る貪欲であり、人間の進歩を恐れる者たちの憎悪なのだ。憎しみは消え去り、独裁者たちは死に絶えるであろう。人々から奪いとられた権力は、人々のもとに返されるだろう。決して人間が永遠に生きないように、決して自由が滅びることもない」（チャップリン『独裁者』）

091号　コンミューン（共同体）

2022・3・28

コンミューン、それを共同体と訳せば、それはそうなのだが、やはりコンミューンと言いたい。学生時代、この言葉に魅かれ、イスラエルのキブツ、日本の山岸会に入りたいと思ったこともあった。みんなが平等に暮らす差別のない社会。それを目指す社会がコミュニズムであり、共産主義と訳されている。レーニン率いるロシア革命がその樹立を世界に響かせた。しかし現実はどうであったか。歴史の示すとおり、結局は一部の軍人と党員が権力を独占するに至った。革命とは「蒼ざめた馬を見よ」の如く、幻を追い求める見果てぬ夢でもあったが、なんのことはない権力闘争に明け暮れる醜くも浅ましい人間ドラマであった。今のロシアにコンミューンの形骸すら窺うことはできない。あのロシア文学はどこに消えていったのか。

ウクライナ侵攻が始まって1か月以上たち、停戦の気配なく戦闘状態が続いている。その間、死者の数は増える一方となるばかりで、直接の被害者は名もなき市民である。また上の命令で戦場に駆り立てられた兵士たちである。互いに非難攻撃しているかぎり、対立の構図はエスカレートする一方、泥沼化するのは目に見えている。指導者にとっては後には引けない戦いであっても、そのために理不尽にも殺されてしまう者にとって戦争する意義はどこにあるというのか。「人間一人の命は地球よりも重い」。これは詭弁か、それともレトリックか。「人は死んでも残るものは、愛だけです」。これこそが真実であってほしいし、本来そこにこそ宗教の存在が輝いているはずなのだ。アーメン。

092号　隣国を自国のように愛しなさい

2022・4・2

「隣人を自分のように愛しなさい」

これは有名な聖句であると同時に、人生の黄金律でもある。良きにつけ悪しきにつけ自分がそうであるように、隣人もまたそうであろうとは容易に想像できる。その意味でも、自分が愛するようにしか他人を愛せないのであって、その反対に、自分自身を愛せないようであれば他人も愛せなくなる。もし憎たらしい自分がいれば、相手もまた憎たらしい人間に映ろう。ということは、まず自分が変わらなければ、相手も変わらない。そこで無理強いにも相手を変えようとするところに、独り善がりな傲慢さがある。しかし、当人はそれに気付かず、正義の名で己を正当化する。

プーチン大統領のことを想う。国際世論の総反発を受けても一向に悔いることなく、なおも強権力を振る舞うのは、何ゆえか？　その根拠となるものは？　それを愛国心や自国文化の優越性に求めても、通り一遍な解釈に終わってしまう。自由圏諸国の常識は、ロシア国にとっては非常識でしかない。要するにウクライナは自国にとって兄弟関係ではなく、外敵なのだ。敵は滅ぼすべき。これ以上に明確な論理はない。イエスは「汝の敵を愛せよ。自分を迫害する者のために祈れ」と言われた。プーチンは今のような自分を愛せるだろうか。そこには敵愾心しかないのではなかろうか。どんなに祈ってもぺんぺん草すら生えないだろう。

しかし、まことに祈ることによって変わるものが一つある。それは自分自身だ。プーチンさんに欠けているもの、求められているもの、それは祈りだ。彼のためにも執り成しの祈りを捧げたい。

093号 拝啓プーチン殿 その男はあなただ

2022・4・6

「ある日、豊かな男に一人の客があった。彼は訪れてきた旅人をもてなすのに自分の羊や牛を惜しみ　貧しい男の子羊を取り上げて　自分の客に振る舞った」（サムエル記下一二・四）。ダビデはそれを聞いて激怒して言った。「そんなことをした男は死罪だ。そんな無慈悲なことをしたのだから」。するとそれを聞いて、預言者ナタンは間髪を入れず言った。

「その男はあなただ」

人はまことに身勝手なものです。自分の犯した過ちや罪には無自覚なものであって、「他の誰でもない。おまえがその張本人なのだ」と叱責の刃が向けられてようやく気付かされます。その際、多くの者は恥じ入り、己の罪を認めて悔い改めますが、権力の長にある者はなおも自己正当化を図り、過ちを重ねることでより強権を発揮します。何が何でも、たとえ地獄に陥ることになろうと、己が権力にしがみつきます。なぜならば、負ければ終わり。すなわち犯罪者となるためです。

ダビデは、「わたしは主に罪を犯した」と告白しました。「神よ、このようなわたしを憐れんでください」と素直に悔い改めたのです。神は砕けた魂をかろしめません。そうして、ダビデは赦されたのです。ところが、プーチンのような男にとって、このような説教は「馬の耳に念仏」みたいなものでしょう。しかし、たとえ一時的な勝利を得ようとも、「剣を取る者は皆、剣で滅びる」のもまた歴史的事実。主なる神は言われる。「どうしてお前たちは死んでよいだろうか。わたしはだれの死をも喜ばない。お前は立ち帰って、生きよ」

094号　わたしを思い出してください

2022・4・14

今、受難週を迎え、17日が復活日となる。イエスが十字架刑に処せられた時、その隣にいた犯罪人の一人が「イエスよ、あなたの御国においでになるときには、わたしを思い出してください」と言うと、イエスは「あなたは今日わたしと一緒に楽園にいる」と言われた。イエスがキリスト（救い主）である所以は、誰に対しても寛容で差別せず、人の罪を贖《あがな》われたことによる。では、あのプーチン氏にも赦しと救いはもたらされるのか？

「父よ、彼らをお赦しください。自分が何をしているのか知らないのです」。プーチン氏曰く「ロシアの安全保障のために始めた。何の疑いもない。目的は絶対的に明確で、崇高なものだ」とウクライナ侵攻を正当化した。知らないことなど何一つない確信犯を公表しているようなもの。悪いのは向こうで、戦争責任の所在は相手にある、これは正義の戦いだと。このような論法がはたして国際的に認められるのか否かは、論を俟たない。日々の当たり前の生活、風景を破壊し、無辜の市民の命を奪って、どこが崇高なものか。目的遂行のためなら手段を選ばない強権的なやり方は、誰の目にも狂気の沙汰としか映らないだろう。それなのに、現実に起こっていることは、有無を言わせない軍事力の行使なのだ。いったん戦争状態になれば、殺すか殺されるかで、人権や平和な生活など吹っ飛んでしまう。それを毎日のように見せつけられている。宗教の無力さを痛感させられる。でもそのような時にこそ、「わたしは災いを恐れない」と復活の力を信じたい。

095号　やめなさい、もう愚かなまねを

2022・4・26

「一の悪業によって一の悪果を見る。その悪果故に、又新なる悪業を作る。斯の如く展転して、遂にやむときないぢゃ」（宮沢賢治『二十六夜』）

復活祭（イースター）の日、プーチン氏がロシア正教の大聖堂の中で参列している場面が放映されていた。彼はそこで一信徒として何を祈っていたのだろうか。平和ではなく、戦争勝利を願っていたことだろう。有事にあっては、勝つことがすべて。負けることはすなわち死を意味する。それはプーチン氏に限らず、どの国の指導者も同じであろう。

あれから、もう2か月と経つ。戦況は収まる気配はなく、ウクライナ支援の最たるものが武器（兵器）であれば、ますます激しくなって当然だ。どちらとも、もう後には引けない極限状況を呈してしまった。

いったい何をしてそこまでに至ったのか？　戦争犯罪としか言いようのない暴虐非道なシーンを目にする度に、かくも残酷に振る舞える兵士の人間性に嘔吐してしまう。またそれを非情にも命じるプーチンという男に、怒りを超えて、一の悪業を見る。悪行ではなく、これは業である。そして、止むことがない。ローマ帝国が滅んだ最大の原因は、帝国の拡大・繁栄をもたらした所業が同時に衰亡を招くもとになったと言われている。世の独裁者はなべて然り。トップにと登りつめたその才能がかえって災いして、結局はその人の失墜を招くこと、聖書に記されている通りである。武器は破壊と死しか生まない。死の商人に利得を得させるような、そんな愚かなことは止めるべきだ。

096号 目覚めよ、信仰と希望と、そして愛

2022・5・13

ロシアとウクライナとは歴史的にも兄弟国である。なのに戦争しあうとは何事かといった声を耳にするが、人類最初の人殺しが、カインとアベルの兄弟殺しであったことを聖書で知るならば、さほど驚くことでもないとは言えよう。いつの時代も、ねたみ、驕り、無礼、自己中心、苛立ち、恨み、不義など、およそ真実とは相容れない悪道徳が影響している。とはいうものの、被災の当事者にとってみれば、たまったものではあるまい。いったい、ここまでに至った経緯とは何か。

5月9日の対独戦勝記念日でのプーチン大統領の演説に今後の方針が窺えた。要は、戦争状態の延長であって、ますます戦禍が拡大する一方である。かたやウクライナ側にとってみれば、これまた武器調達に奔走し、徹底抗戦に臨み、停戦への方向に進みそうもない。そこで一番苦しみ、困窮するのは誰か。その〝解〟は言うまでもない。

ここで改めて問うてみよう。「人はなぜかくも争うのか」と。戦争という名が付かなくとも、人には暴力性や残忍性が内に秘められ、争うことにおいても己が「正論」を拠り所として、相手を非難攻撃するところがある。それを「罪」と言えばいいだろう。プーチンにしてみれば、ネオ・ナチスへの戦いかもしれないが、なんとまた自分がナチズムに侵されていることを自覚しようとしないばかりか、プロパガンダに利用して、国民の目を欺いている。『罪と罰』の主人公のように、悔い改めて、大地に口づけしてこそ、スラブ民族主義の信仰と希望を体現するのである。

愛国主義者プーチン殿。目覚めよ、愛に。

097号　ロシア、ウクライナの人民（ナロード）に告ぐ

2022・6・1

「空の空　空の空、一切は空である。（中略）すでにあったことはこれからもあり　すでに行われたことはこれからも行われる」（コヘレトの言葉一・二、一・九、聖書協会共同訳）

「人の子らは空しいもの。人の子らは欺くもの。共に秤にかけても、息よりも軽い。暴力に依存するな。搾取を空しく誇るな。力が力を生むことに心を奪われるな」（詩編六二・一〇、一一新共同訳）

ウクライナ戦争も、はや3か月以上と経ち、いま何よりも必要なのは「武器、武器」と公言している限り、これからも戦況は収まる傾向はない。「益田っこ」もこの件を扱って10回となる。いつか、どこかでこの戦争も終わるのではあろうが、ここらで筆を擱くことにしたい。

19世紀末、帝政ロシアを倒すために、「ヴ・ナロード（人民の中へ）」という運動が起こり、ロシア革命へと繋がった。「ヴ・ナロード」を掲げる理想はすばらしかったが、余りにも青臭い観念論でもあったがために、テロリズムへと過激化した。ロシア革命の鬼子でもあるスターリン、プーチンもその強権を欲しいままに乱用し、戦争というテロリズムに走ることで、人民を巻き添えにした。「ウラー（万歳）」と叫んで、「愛国無罪」の免罪符を得ようとした。その結果、どうであったか。虐殺を繰り返して、多くの犠牲者を生んだ。「戦争と平和」、その絶え間ない繰り返しを、人類の歴史は証明している。だから、両国の人民に告ぐ。「祈るのだ、祈るのだ」。あなたたち当事者の平和への祈りこそが、この忌まわしい戦争を終結させることができる。

098号　ほう、そうかねえ。そう、しんちゃい

2022・6・15

「ひまわりの庭」。これは、9月3日（土）教会でオープンする予定の「認知症カフェ」の名称。昨年暮れから構想を抱き、今年度の教会総会にて教会行事として承認を受け、今までに2回のスタッフ会を開く中で、決定しました。準備期間中、できるだけ多くの方に声をかけ、協力支援を求めたところ、その返事がおおむね「ほう、そうかねえ。そう、しんちゃい」でした。反対されることはないとはいえ、「ほんとにやるの、できるの」と疑心暗鬼にさせるのを常としていました。中には「あなたはどこまで認知症のことを理解しているの」と難詰されることもありました。

思い返せば、今まで仕事以外に「ボランティアの鬼」と自称したくなるほどに、どれだけ様々なことに呆れるほど関わったことか。今回の「認知症カフェ」は、最後の試みとなろう。自分自身が高齢者となり、「老い」をどのように生きていくのか、身体はポンコツ車となっても、心はいつまでも若く、豊かに保ちたいというのが、そもそもの動機である。「老い」は決してマイナス評価ではなく、深みと味わいであってほしい。その意味で「認知症」も然りなのだ。まったく身近で、日常的な問題なだけに、太陽に向かって明るく、爽やかに輝いてほしい。ひまわりのように。

「一人は万人のために、万人は一人のために」。コープこうべのスローガンが浮かんできました。ほんとに何事も一人では出来なかったし、実際一人になってしまうようでは、大概失敗に終わっていました。ある人が言っていたっけ。「人生の帳尻は大体みんな不思議にもプラ・マイ・ゼロとなって終わるのよ」。「人は生きてきたように、死んでいく」まで。

099号　ちひさなものがたりの幾きれかが…

2022・7・3

「益田っこ」も次回で100号を迎えます。5年余り、地道に続けていれば、そうなったというまでのことです。いったい誰に向けて、なぜ書こうとしたのか、所詮は自己満足にすぎないと言われればその通りなのかもしれませんが、「これらのなかには、あなたのためになるところもあるでせうし、ただそれっきりのところもあるでせうが、わたしには、そのみわけがよくつきません。なんのことだか、わけのわからないところもあるでせうが、そんなところは、わたしにもまた、わけがわからないのです」(宮沢賢治『注文の多い料理店（序）』)と答えるほかありません。

何を言いたいのか、曖昧模糊としているでしょうが、「どうしてもこんなことがあるやうでしかたないといふこと」を書きたかった。それでどうであったのか、「足元を深く掘れ、さらば泉を見いださん」と願えども、「蟷螂の斧」であれば、「負け犬の遠吠え」であったかもしれません。

日常の風景は、私がいようがいまいが、ちっとも変わっていません。たそがれ時の散歩、いつも歩きなれた道を通っている、そうして今日も一日が暮れていきます。学生時代に観たフランス映画、ブレッソン監督の「バルタザールどこへ行く」が、ふと脈絡もなく蘇ってきます。主人公のロバ（バルタザール）は何一つとして言葉を発しません。ただ哀しくも辛い現実の証しとして、その場に居合わせています。そして最後には、官憲の手によって銃殺されます。それがイエス・キリストの十字架とも重なります。主題曲として流れていたシューベルトのピアノソナタ20番が切なく響いています。

「なぜ、わたしをお見捨てになったのですか」

特別号　帰省能わず

2022・7・10

この11日から4日間、帰省する旨、役員の了解を得ていたのですが、またまたまたコロナ感染拡大のため、それと伴侶の病に、私自身が心房細動（不整脈の一種）という有難くもない病名を頂戴し、延期することになりました。やむを得ないというのが正直な感想です。それにしましても、年を取ると、確かになにかと病んできます。体はともかく、心だけは劣化しないはずだったのですが、どうもそれも怪しくなってきました。少なくとも80までは現役でいようと、そのための働きには事欠きませんが、それをきちんとこなしての仕事内容であって、それができなくなれば、やはり引き下がらなければなりません。

この7月から13回に分けて、「コヘレトの言葉」を説教することにしました。「何事にも時があり」であって、この年になってからの挑戦に際し、青春回帰しています。9月3日、認知症カフェオープンに向けての準備もまた、やりがいがあります。それも都会ではなく、この益田でやろうとしていることに意義があるのであって、それだけに益田の人の協力支援なくしては、何一つとして出来ません。

こちらの住民になって5年余り、一市民ではあっても、「益田っこ」と称するにはおこがましい限りでしょう。人生の大半を過ごしたのであれば、帰省するのは、やはり神戸。「帰ろかな、帰るのよそうかな」ではなく「帰れない」現実の中で、熱帯夜のひと時を、音楽を聴きながらパソコンを打っています。病ともまた共生です。そうなる時には、そうなるがよろしかろう。今日もまた「日は昇り、日は沈む」。皆様も、どうかご自愛を。

100号　〝生きる〟ということ

2022・7・25

「益田っこ」100号を迎えました。どのようなタイトルを付けるのか、最初に浮かんだのは、「原点は存在する」でした。これは、谷川雁の書名に由来しています。学生時代、現代詩人会に属し、そのとき私淑した詩人が、谷川雁でした。当時、流行していた詩人の一人であって、その影響を受けたと言われればその通りかもしれませんが、なぜ谷川雁であったのかは、私という一人の人間の原点をよぎっていたからに他なりません。あれから半世紀以上も経って、ちっとも変わらない自分に慄然としないでもありません。幾人かの知友の死を現実のものとして受け入れざるを得ない年代を迎えて、今も生かされている自分とは一体〝ナニモノカ〟と顧みます。決して代替できない〝生と死〟。「生くるとは、死ぬるとは」。もし「血涙」というものがあるのならば、それが原点なのだろう。

「益田っ子」になったのは、たまたまの出会いと言えましょう。しかし、ここを死に場所と定めたのは、あの「原点は存在する」という幻想が招いた所為でした。果せるかな、ここもまた日本の保守の坩堝といっても過言ではありません。「生きるということ」、それは生活。日々の営み。まさに、その原像がそこかしこに垣間見られます。原点などどこにあるものか、なにもありそうもない、そこに生活の実態が日常化しています。今のままである他ない、そこがやはり基本です。

しかし、また想う。ここは都会には味わえない「生き方」があります。「人生（人の生）」を豊かに生きる業を、各々身に付けています。「益田っこ」100号を迎えて、折り返しとなりました。さらに日本回帰したいです。

101号　今夜も益田川の土手を散歩

２０２２・８・５

夕食後、ウオークマンを聴きながら約20分間、河原を散歩するのが日課となって久しい。今はマルタ・アルゲリッチのショパン「前奏曲」を聴き続けている。

こちらに来て早速手を付けたのが、オーディオ部屋を作ること。それはそれなりに出来たのだが、音楽鑑賞サークルの方はまったく集まらなかった。収集したLPレコードが埋もれて泣いている。趣味は押しつけるものではないので、自分の空間が保てるのならば、それで良しとしなければいけないだろう。あの中村哲さんがアフガンの僻地にあって、最高質のオーディオでモーツアルトを聴くのが息抜きであったことを、わが事のように思う。

「益田を一流の田舎まちにしたい」と、前の市長は宣言したものだが、その実現はおろか、さまざまな抵抗にあって、瓦解してしまった。田舎というイメージと現実の生活とのギャップ。それを肌身に感じながら、この5年余りを過ごしてきたように思う。

ここが裏日本、山陰だからこそ、住み続けるだけの価値があった。これが山陽側であれば、なんの魅力も感じなかったはずだ。「何にもないところ」と自嘲するのではなく、またそれを逆手にしてPRするのでもなく、一人の生活者としてありのままに生きている人たちをほめたたえたい。「この人を見よ」である。それが田舎牧師としてのミッションでもあるのだ。ツナギ作業服を身にまとい、長靴姿で草刈りしている牧師像こそ、我にふさわしい。「存在するものは遠く　深く、さらに深い。誰がそれを見いだせるのか」（コヘレトの言葉七・二四、聖書協会共同訳）

102号　〝祈り〟について、想ふこと

2022・8・24

8月末には久しぶりに帰省し、9月3日には「オレンジカフェひまわりの家」を教会にて開催することにしています。「このような時期に、しなくてもいいのに。もう少し先に延ばしたら……」といった声を、何度耳にしたことでしょうか。諸々の情勢から判断すれば、そちらの方が大勢を占め、抗弁するほどの論拠は持ち合わせていません。そこでもし感染したのならば、「それ見たことか」と批判されるのは目に見えていますし、責任問題にも発展します。

でも世間の視点とはまた違ったところで、「そうしてもいい」という聲に耳を傾けての決断です。なにも我意を張っているのではなく、抗いつつも、「一本の線を引きたい」という思いが勝っていました。自他ともに押し寄せて来る〝違和感の部分〟に正直であろうとするのならば、「しないことは不誠実」となるのです。もっとも、「会ったから、やったから」といって、「風を追うようなこと」、どういうこともないでしょう。終わってみれば、「明日のことは明日自らが思い悩む」のであって、また今までのような生活、歩きなれた風景が待っているだけのことです。

ふと、祈りについて思い巡らします。祈ったからといって、大願成就が果たせることはありません。須磨の「あいうゑむ」の詩人「祈り」より。「生きることは　ひとつ　ひとつの　願いを結ぶこと
そして　年月を少しずつ引き寄せて　視えないものを　視る勇気を　聴こえない声を　聴く優しさを
多くの冬を体験して　初めて身にまとう　許しあい　信じる力を」
それでは、盆過ぎて少しずつ涼しくなることをお祈りします。

103号　人と逢ふ――帰神から帰益

２０２２・９・４

8月27日益田を発ち、ほぼ1年ぶりに山口線と新幹線で神戸に向かふ。旅ではなく、墓参りを兼ねて、人と逢ふための5泊6日の帰省。鶴甲のマンションを寝床として、限られた時間の中で約60名と遭っただろうか。それでも逢えなかった人も多くいたわけで、これが冥途の土産となるかもしれないと思えば、たまさかの逢瀬も感無量といふもの。神戸っ子として、人生の大半を過ごした地が懐かしくないはずもない。そこが、〝我がふるさと〟であることにはちっとも変わりない。しかし、〝故里〟であることも、事実として受け止めなくてならない。ここには仮の宿はあれど、この地で日常生活を営んでいるわけではないのだ。そのことを実感しつつ、後髪の引かれるのを断ち切って、神戸を後にした。

9月1日、帰神から帰益へと車中の人となる。新幹線に乗っている時は都会の風景ばかりであるが、中国山地を超えたあたりから、すっかり田舎の風景に様変わる。そう、私は今や「益田っこ」になっているのだ。70歳（古希）を迎えて、自然人としての生活をも味わっている。そこを「人生の楽園」と称するには、いかにも口はばったいが、また新たに人と逢ふ機会が増えたと思へば、「人生是好日なり」ではなかろうか。老いの遊《すさ》びの真価とは、晴天の時ばかりではなく、雨の日もまた好日となってこそ味わうべしと心せよ。ローカル線の車窓からの風景、石州瓦の赤い屋根を見るともなく眺めていると、「益田に帰ろうとしている」自分に、山崎豊子の小説『大地の子』の主人公の生きざまとオーバーラップしないでもなかった。須磨ではなく「持石海岸に死す」。それもまた天晴れだ。

104号　ヌミノーゼ（聖なるもの）

2022・9・19

9月19日、台風一過の夜、ウエストミンスター寺院の大聖堂で荘厳な式典が催されたエリザベス女王国葬の実況中継を観る。イギリスの母としても敬愛された96歳の葬儀は、イギリス国民だけの国葬というよりも、全世界の人々にも哀悼の意を深くもよおさせたであろう。旧統一教会のニュースは、宗教それもキリスト教の評価をさんざん貶めるのに効果十分であったが、女王の葬儀は人々をして〝敬虔という座〟を示してくれたように思う。最期には、「感謝」という礼儀でもって幕を閉じる。これこそ古今東西を問わず、万民共通の〝はなむけの言葉〟ではなかろうか。宗教の役割を改めて感じさせてくれた。そもそも金集め、票集めに用いられる宗教など、およそ宗教という名を借りた悪徳ビジネスに他ならない。なのに昔も今も「白く塗りたる墓」に群がる輩は後を絶たない。葬儀の際に朗読された箇所は、ヨハネ福音書14章「イエスは父に至る道」の箇所「心を騒がせるな。神を信じなさい。そして、わたし（イエス）をも信じなさい」。そうして、神の国（天国）に住まいが与えられる。

『聖なるもの』。約100年前ドイツの神学者オットーの提唱した「ヌミノーゼ」（言葉では言い表せない非合理的なるもの）という概念について、その感想として「恐れおののくことこそ人間たることの最良の部分なのだ。世界がその感情の値を釣り上げて手の届かぬものにしても、凡庸な人でさえ感動すると、途方もないものを深く感じるものだ」（ゲーテ『ファウスト』）を挙げたい。

ウクライナ戦争に当てはまる、野性的でデーモン的な特殊な感情と、葬儀に参列して黙禱している〝敬いの心〟とは、表裏一体でもある。

105号　問はず語り――わが都鄙問答

2022・10・6

「他人から問われるまでもなく、自ら思いのたけを語り出す（ひとりごつ）」。「益田っこ」の特質を自分なりに意識づければ、そうなるだろうか。今朝、セータを羽織るほどに、秋風を感じました。〝衣替え〟の季節。心の中もそうありたいものだと願いつつ、机に向かっています。益田に住んで5年半。こちらの人となりて、今やこれといって〝不都合な事実〟はないのですが、折に触れて「都鄙問答」を〝ひとりごつ〟しています。特に、説教の内容に関すれば、180度転換しなければいけない程に自己変革を求められているでしょう。どこまで分かってもらえているのか、会衆とは違った次元で、「とはずがたり」をしているのではないかと……。

「誰をかも知る人にせむ　高砂の松も昔の友ならなくに」（百人一首）。〈今いったい誰をわが知友（親しき友）とすればいいのか、あの高砂の松にしろ昔からの友ではないのだから〉。「朋有り遠方より来る。亦楽しからずや」（論語）。しかし、「そこに生きている」ことこそが原点である。

改めて読書す。清水恵三『辺境の教会』、太田愛人『辺境の食卓』は、座右の書ともなっていた。「本当の〈出会い〉は自分に出会うことである」（高橋たか子の森有正論）。「大都市が病み疲れた時に田舎の果たす役割が多くあることに気づいてきました」。お二人はまさに知友であり、『辺境通信』を発行し続けてきました。「労苦はあっても、楽しい生活でした。ほんとうに楽しかったのです。（中略）誰にも負けない仕事なんだという誇りがありました。しかし、何にも増して、豊かな人と人との交わりが私たちを支えてくれました」。「益田っこ」は続きます。

特別号　# ご無沙汰しておりました

2022・10・21

8月末に帰省して以来、2か月にもなろうというのに、何の連絡もせず、申し訳ありませんでした。その間、無為に時が流れたわけでもありませんが、日一日と過ぎ去っていくのに身を任せたというのが現状でした。そうして、この後も晩秋の黄昏に身を置きつつ、しばし懐旧の念に耽ることでしょう。

心を亡くして〝忙〟と書きますが、私の場合、忙しいというのではなく、それなりに健康とバランスを保ちながら、ルーチンワークをこなしていますので、人生の後半期に当たって、人並みには過不足ない生活を送っていると言えるでしょう。

しかし、このコロナ禍とウクライナ戦争、パンドラの箱を開けた旧統一教会のニュースの只中にあって、どうにも安寧を保つことはできません。ダリの描く歪んだ時計ではなくとも、どこか微妙なところで針の狂ってしまった時計の指針に合わせて呼吸をしているような息苦しさを感じてしまいます。

ウクライナ戦争に至っては、「知性の高慢さが心情の古代的偏狭さと合体するとき、そこに悪魔が生まれる」（トーマス・マン『ドイツとドイツ人』。ゲーテの『ファウスト』に寄せた講演より）。これは現代にも通じるというよりも、ひとしく歴史を貫く地下水脈でもあるでしょう。

キリスト教なる西欧文明の遺産と日本の古典、都会と田舎、若きと老い、健康と病、観念と生活、知性と感性などなど、二者択一では決して分かつことのできない現状をどう生きればいいのか、多感なる日々の迷いごとを徒然に書き連ねています。

106号　賓主互換

２０２２・11・10

土井善晴『一汁一菜でよいという提案』を読む。タイトルの「賓主互換《ひんじゅごかん》」の意味は、「亭主と客が互いにもてなし合う心（茶道では、亭主のもてなしの趣向と意図を、何も告げないのに、客自身が察してくれること）」。「阿吽の呼吸」「丁々発止のやりとり」とでも言おうか、気兼ねなく、忖度することもなく、互いにおもんぱかる以前に、暗黙の心がけが作用して、融通無碍な関係を保っている、それを「信頼」とも名付けようし、「信仰」へと昇華しえよう。それが、日本の食生活からも失われて久しくあり、「日本らしさ」「もののあわれ」「情緒的にものを見る目」の復活を込めて、この著があらわされ、それが「一汁一菜」にと凝縮されている。

「貧しくても、一生懸命生活すること」「本当に美しいものはどこにでもある。その大きな掌に乗っていることなら、いいのです。『きれいだな、いいなあ』と感じる心を信じて下さい」と著者が語るとき、今日の世相がそのような日本人の美意識とどれだけ乖離しているものか、慄然とするばかりである。「食べることは生きること」「料理は愛情」「暮らしとは、毎日同じことの繰り返し」「幸せは暮らしの中にある」「簡単なことを丁寧に」。そんな当たり前のことが、まるで他人事・絵空事のように思われるのは、この私自身の日常生活にあって、「一汁一菜でよい」慎ましい食生活をしていないことに起因していよう。また、自分自身の生き方を問われてもいる。

「世界平和のために何ができますか」に、マザーテレサは「まず家に帰って家族を愛しなさい」と答えました。すると戦争なんて金輪際行われることはないはずです。そのための「よき食事」が大切。

107号　落穂拾いと落ち葉拾い

２０２２・11・22

「あなたが畑で穀物の刈り入れをして、束の一つを畑に置き忘れたときは、それを取りに戻ってはならない。それは、在留異国人や、みなしご、やもめのものとしなければならない。あなたの神、主が、あなたのすべての手のわざを祝福してくださるためである」（旧約聖書、申命記）

枯れ葉の季節である。道々、朝方など、近所の方々が枯れ葉を拾い集めている光景を何度も目にする。また有限会社の社員達がボランティアで黙々と清掃している姿など、この町にあっては何も特殊な出来事ではない。総じて、皆さん知らない者同士でも自然と挨拶を交わして行き交うのが普通である。橋の欄干には「火の用心」の幟《のぼり》が何本も掲げられ、違和感なく、風にたなびいている。そうした風景を日常生活の中で当たり前のように受け止めていると、テレビで話題になっている「ポツンと一軒家」の番組が、都会人の視点から描かれた興味本位のものであることが、いよいよ明らかになってくる。

さて、ミレーの描く「落穂拾い」は、刈り取られた後の畑に落ちた麦の穂を拾っている貧しい女たちの作業である。「落ち葉拾い」ではないのだ。そこには、「日毎の糧」が懸かっている。あとで分かったことだが、この3人のモデルは、ミレーの祖母・母・妻だとも。なのに、絵から受ける印象は貧しさも困窮もなく、ただ厳粛に繰り返しているだけのこと。それなのに、周りの田園風景と溶け合い、そこには清らかさが漂っている。それを「神の御業」とでも言っていいのだろう。

27日アドベント（降臨節）を控えて、一筆添えてみました。

108号　ピッピさん、天国にいちばん近い人

2022・12・4

「エノクは神と共に歩み、神が取られたのでいなくなった」（創世記五・二四）

ピッピさんこと小林繁さんの訃報を、昨晩、甲子園二葉教会美濃部牧師の電話から聞いたとき、「ええ、そんなことって」と思わず呟いていました。あのピッピさんが居なくなるなんて、どう信じたらいいのでしょうか。1か月前、電話ではお元気な声を聞いたばかりであったし、帰省する度に必ず一回食事を共にしていました。この夏も、人工透析の身であったとはいえ、普段と変わらず明るく振舞われ、食事も美味しくたしなまれていました。「ええ、ピッピさん、またどうして……」

朝、節子さんが起こそうとされると、既に冷たくなっておられたとのこと。その姿たるや、まるで亡き妻公子のときとほぼ同じではなかったか。

「そんなバカな……」。突然死を受け入れるには、またそれなりの〝日にち薬〟を必要とします。「ピッピさん、あなたは死んでいないよ」。私たちとの想い出までが無くならないように、この後も折に触れてはあの頃を思い出し、あなたの笑顔を、あのダジャレを懐かしく楽しむことでしょう。

ピッピさん、あなたは天性の信徒伝道者でした。それは誰もが同意してくれることでしょう。それが今、天国へと帰って行かれる。そこでも、おそらくあちこちの家を訪問されては、もうそうする必要はなくとも、神様の御用のために働かれていることでしょう。待っていてくださいね。「ああ、天には一人増し加えられしかな。ああ、天のふるさとへ。ふるさとに一人増し加えられしかな。主なるイエスよ、我らすべての者に、あなたと共に過ごす居場所を与えたまえ。ああ、天のふるさとにて」

109号　とつおいつ

２０２２・12・16

幸田文『台所のおと』所収の「あとでの話」を読んでいると、「とつおいつ」という言葉に出くわした。なんとはなく気になり、辞書を引いてみると、「あれこれと迷って決心のつかないさま。取りつ置きつの転」とある。

この１年を振り返りみれば、「とつおいつ思案している」日々だったようにも思われる。コロナ禍も一向に収まらず、それにウクライナ戦争という〝狂気の沙汰〟が公然と行われ、いったい何を頼りにしていけばいいのか、誰しもが定まらぬ気持ちに揺れ動いたことであろう。

「かなわぬ思いが捨てられないのも仕方はあるまい。仕方がないとすると、矢張り折にふれては思ってみる、というよりない。愚かしく因果なことである」と著者は独りごつが、「ただ、ありがたいことに、愚かしいものにも救いは配置してあるようだ」と続き、「戦」という漢字の後には、「和」がもたらされるのだと、とつおいつ思いみる。

この１年、１か月、１日と「時」は紛れもなく過ぎ去ってはいくが、そうした有為転変の世にあって、変わらず思い寄せているものもまた秘かに紡がれていく。そうしていつの日にか、風のように消え去っていく。「何事にも時があり」。そうなのだ。今年もまた、親しき友を天に見送った。病魔に倒れた。マスクの下には、デスマスクとなって現れた。死が思いのほか身近に感じられる。せめて来る年は、マスク越しの対話から卒業したいものだ。「知らない間に死んでいくから助かっているのだ」とは、また著者の述懐である。

110号　歓喜によせる

2022・12・31

大晦日の朝、ＢＳプレミアム「指揮者なしのオーケストラ第9に挑む」を観ました。

聴き慣れた「第9」の演奏でしたが、今回新たな気持ちで、「第9」と向き合っていました。よかった。指揮者が不在のため、各パートの演奏者が渾身のエネルギーを込めて、それぞれ「第9」の楽譜と向き合いながらも、そこから新たな調和を産み出そうと協同している姿が感動的でした。

「人類みな兄弟、ひとつ」。この当たり前のことが、また人間が人間であることによって、あの「バベルの塔」のようにバラバラとなって壊れてしまうのも、2022年が「戦」という漢字に象徴されたように、人類の歴史が明らかに示すところでした。それだけに、この1年を振り返るよりも、新たな年に向けて挑んでいく覚悟みたいなものを与えてくれました。新しき年、ウクライナの戦場で「歓喜の歌」が敵・味方区別なく共に歌われんことを願うばかりです。

「初めからのことを思い出すな。昔のことを思いめぐらすな。見よ、新しいことをわたしは行う」（イザヤ書四三・一八、一九）

「よろこびに満ちて、ちょうど星々が　満天の夜空を神の計画に従ってめぐるように、はらからよ、おまえたちも与えられた道を行くのだ。よろこびにあふれ、勝利の大道を歩む英雄のように。たがいにいだき合うのだ、もろびとよ」（シラー原詩、訳・喜多尾道冬）

鬼が弾く・左手のピアニスト、舘野泉に言わせると、「音楽とは空気みたいなもの。空気が無くなれば、死んでしまう」。では、私にとって「益田っこ」もそうありたいものです。皆さん、良きお年を‼

111号　人間的道理（人としての道・ことわり）

２０２３・１・12

年明けて、「我もまた、感染せり」という声をよく耳にするようになりました。そこに悲愴感もなければ後ろめたさもなく、受け取る方も、「ああ、そうですか」と気楽に流しています。それほどに日常化していて、些細な事件にもなりません。３年前の今頃は、まるで犯人探しに戦々恐々していただけに、コロナ感染は収束しないものの、隔世の感がしないでもありません。これがいつか「感染していない人は入店しないでください」という警告までに至ると、「ガリバー旅行記」のような世界を彷彿させることになるでしょう。かくほどに、世の流れは移り変わりに左右されやすいということです。

一体、変わらぬ自分の立ち位置はどこにあるのかと考えてみるこの1年でもあります。死んだ人間の想いとつながっている。「人間は土地に結びついている。土地に印をつけて生きている存在である。」（思想史家・渡辺京二）。ここに「人間的道理」の真髄を見、またその生きざまにこそ関心があります。ＡＩとかＤＸとか、意味も不明なカタカナ文字が氾濫しているデジタル社会にあって、「大地」と共に生きている人をこそ、「わが朋（とも・はらから）」としたいものです。その意味では、ここ益田の地は「人間的道理」の隠された宝庫と言えなくもありません。

「古いものは過ぎ去った。見よ、すべてが新しくなったのである」ということは、ここでは先ずありえない。同調圧力という名のしがらみの中で、どこまで〝異化〟（同化ではなく）しえるのか、それが「神戸っ子」として生まれ育ってきた私なりの「益田っこ」への愛着です。

112号　ありがたき不思議なり

2023・1・21

「若きにもよらず、強きにもよらず、思ひ懸けぬは死期なり。今日まで遁れ来にけるは、ありがたき不思議なり。暫しも世をのどかには思ひなんや」（徒然草137段）

来週からは強烈な寒波来襲とのこと。どうなることかと心配してみたところで詮方ない、ただ無事（ことなく）に過ぎ去るのを待つのみ。

紀元前5世紀の哲学者ヘラクレイトスの格言「パンタ・レイ」（万物は流転する）から今日まで、いったい人はどこまで進化したものかと思いみる昨今でもある。とまれ我が身自身75年の人生を振り返ってみて、何ほどの進歩があったものか、よくぞ今日まで生かしてもらえたことを感謝するに如くはない。普通には、現役を隠退してもおかしくはない年であろう。しかしながら、今も活動の場を与えられ、長閑《のどか》に過ごすには程遠い情況ではあるが、だからこそ生きている実感に充たされている。「思ひ懸けぬは死期なり」を身近に感じながらも、まさに「ありがたき不思議なり」である。

コロナ禍も3年を迎えて、誰もがのどかに過ごせる世の中ではない。ましてや私自身が「死は前よりしも来らず、かねて後に迫れり」という時機を迎えているだけに「いかなる世にか覚めむとすらむ」と問い続けることが課せられる。と同時に、「冬来たりなば春遠からじ」「春の海ひねもすのたりのたりかな」と歌えるような〝ゆとり〟を持ち続けることの大切さを感じている。こうして「益田っこ」を徒然なるままに綴ることのありがたさに、年を忘れて、今日一日を生きている。

113号　わが心慰めかねつ

2023・2・8

「わが心慰めかねつ、更科や、姥捨山に照る月を見て、照る月を見て。……返せや返せ、昔の秋を、思ひ出でたる妄執の心、やる方もなき」（謡曲『姥捨』）

安倍晋三元首相の銃撃事件は、突如として、統一教会の裏舞台を白昼に晒した。そして今更ながらに、宗教の恐ろしさ、愚劣さを明らかにした。あれなど宗教、それもキリスト教を隠れ蓑とした一種の政治団体みたいなものだが、オウム真理教の例を見るまでもなく、それこそ身も心も信じ切って、悔いることもない信者がいる。いったい、その精神構造たるや、どうなっているのかといぶかるほかない。「やる方もなき」。そうなのだ。「わが心慰めかねつ」地獄にも堕ちていくのだ。孤独は人をして常軌を逸しさせて余りある。

「アウグスチヌスは、植物は人間から見られることを求めており、見られることがそれにとって救済であるといったが、表現することは物を救うことであり、物を救うことによって自己を救うのである」（三木清『人生論ノート』）。あの犯人の母親は彼女なりに大枚の献金をすることで自己を救いたかったのであろう。私はといえば、「益田っこ」を出すことで、わが心を慰めようとしていたのだ。見られることを求めるために表現していたのだ。

神がいるとかいないとか、宗教があるとかないとか、それの証明が問題なのではあるまい。人間の本質として、「宗教的なるもの」「大地の霊」（鈴木大拙『日本的霊性』）のようなものはアプリオリ（先験的）に備わっているのだろう。「魂にふれる」とは、そういうことだ。

114号　雪、湯たんぽ、そしてここ山陰

２０２３・２・23

「太郎を眠らせ、太郎の屋根に雪ふりつむ
　次郎を眠らせ、次郎の屋根に雪ふりつむ」（三好達治『雪』）

この詩には、雪国の屋根に深々と降りつむ情景が、日本人なら誰しもにおのずと浮かんできます。生まれ故郷の神戸では味わえない雪景色ではありましたが、ここ山陰の地にあって、屋根瓦が真っ白に輝くのは珍しい風景ではありません。

蒲団の中に湯たんぽを入れるようになって数年経ちました。蒲団の中の湯たんぽは、人肌の適度な温もりを保ってくれます。そこには太郎も花子も、そう幼馴染も住んでいて、安らかな夢見心地にと誘ってくれるような空間でもあります。一日の歩みの確かさを約束してくれます。

「今日は終わった。明日が始まる」

今日、宗教が政治とグルになって、戦争に加担するような具にも成り下がっているような時代、そこに畏敬や驚異の念を感じることなどできないでしょう。世相（世の姿・流れ）はいつの時代も有為転変して已みません。それだけにまた、おおらかで、あたたかい存在がいつも身近に必要とされているのです。湯たんぽの温もりのような……。

「あなたがたの日々の生活こそ　寺院であり、宗教である。そこに入るとき、何もかもたずさえて行きなさい。（中略）すると神が子どもたちと遊んでいるのが見える。（中略）あなたはまた見るだろう、神が花の中に微笑み、木々の中で　み手をあげさげし給うのを」（神谷美恵子『ハリール・ジブラーンの詩』）

115号　益田に来てみんさい

2023・3・5

益田に来て、6年になろうとしている。すっかり益田市民になれたわけではないが、「いい移住した人」にはなっているだろう。〝移住〟という表現が適切で、Iターンとかリターンという言い方には、中央志向の裏返しで、どこか地方を軽く見ているところがある。

「いなか生活」。結構ではないか。立派ではないか。都会でのギスギスした人間関係を離れて、温泉にゆったりと浸かっていると、「ここは、極楽じゃわい」。人はいいし、やさしいし、親切で、なによりも温かみがある。知らない者同士であっても、道々顔を合わせば挨拶を交わし、ものみなゆったりと流れている。またお年寄りを大切にし、ご両親のお世話を最期まで看取っている家庭が多い。

生活そのものは総じて地味で、質素。少なくとも雑誌『家庭画報』のような高級感は薄く、世田谷区成城のような街並みは期待できない。日本遺産に登録された「中世日本の傑作・雪舟と人麻呂」の町と謳われていても、それは観光客を呼び込むためのガイド案内であって、それよりも魅力的なのは、ここに住んでおられる〝ひと〟である。「人は人の中で人となる」。そのために、家族、ふるさとがある。揺るぎない中心軸として、神が存在しているのである。ここは日本であった。

「ヤスさん、一人だけ泣いた。笑いたいから泣いた。いつまでも泣いた。家族に囲まれ、ふるさとの風に吹かれて、泣きつづけた。涙のつくった小さな海の潮騒は、やしゃん、やしゃん、という舌足らずな声だった」（重松清『とんび』）。ちなみに、この日76歳の誕生日。

「益田っこ」の読者へ

角田さんという男

もう半世紀前のこと。それが、どうしたのだと言われれば、返答に窮することもないのですが、高橋和巳『邪宗門』を読んだとき、急に走馬燈のごとく蘇ってきたのです。パリでの彼との出会いを通して、高橋和巳を読むきっかけを与えられました。

20代前半、青春時代の真っただ中、ヨーロッパで過ごした2年半もの放浪生活は今も思い出すたびに、若気の至りとはいえ、〃よくぞまた……〃と、我ながら苦笑を禁じえません。1ドル360円通貨の時代に、宿泊費も含めて1日10ドル以内でヒッチハイクをしていたのですから、驚き桃の木山椒の木です。もとより異邦人宣教者パウロの受難ほどではないのですが、危険な目に遭ったことは数知れず、よくぞ無事に帰国できたものだと思わざるをえません。でもそれは決して〃奇跡の生還〃といった大袈裟なものではなく、振り返り見れば、当時の若者たちの〃さまよえる群像〃の一形態であったと客観視できます。中には、どこかの国に拉致されたり、奴隷の身に売られた者がいたとしても不思議ではない情勢にあって、病に罹ることなく、とことん貧乏旅行を貫き通せたことは僥倖という他ありません。ロンドンからイスラエル・香港経由で羽田空港に降り立ったとき、所持金は1000円しかなく、その日の夜は新宿の深夜喫茶で過ごしたことなど、まさに〃よくぞまた……〃でありました。

翌朝、学生時代の友達の下宿に転がり込み、そこで聴いた浅川マキの曲は、自分という人間が所詮は〝詮方ない日本人〟であるということをつくづく思い知らされました。外国に行って、日本回帰したのです。一時はもう、外国のものは読まないとさえ思ったものでした。それがまた、なんということか、紆余曲折はあったものの長じてキリスト教の牧師になるなんて、神さまも人が悪い。

それにしても、あのときリュックサック一つの中にしか自分の全財産はなかったけれども、それでも怖くはなかったし、将来への不安もなかった。ソニーのトランジスターラジオを聴きながら、ミシュランの地図を片手に次のユースホステルを目指して、ヒッチハイクを続ける〝さまよえる若者〟の姿は、高齢者になった今も、「ここに、われありき」と独りほくそえんでいます。余裕な金もないのに、レコード店に入って、チェコのバイオリン奏者ヨセフ・スークの「バッハ無伴奏バイオリンのためのパルティータ」などのＬＰ盤を買って、それを後生大事に持ち歩いて旅するなど、どう考えても異常としか思われません。〝青春って、バカの丸出しだ〟と懐かしさを超えて、一筋の涙が頬に流れてくるような憐憫の想いに浸らないでもありません。

そんな常識外れの生活をかつて送ってきた者として、では今、これから、どのようにこの時代と向き合って生きていかねばならないのかを問い質す意味合いを込めて、この文章を認めています。老いの文でも、回春の記録でもなく、「人生とは何ぞや、人はどこから来て、どこへ行くのか。お前はいったい誰なのか」を、あらためて問い直したいからです。この年になったからではなく、この年からやれることは何かを探っていく手掛かりとして、〝ある人〟のことを回想しようとするのです。その対象は、あなた〝ｙｏｕ〟でもいいかもしれません。しかし、今おつきあいをしている人よりも、今やどこにいるとも知れず、記憶の底に埋まったまま、おぼろげな印象しか残っていない〝ある人〟を、ここで再現したい、それがまた、〝復活〟ということにも繋がっていくことでしょう。〝よみがえり〟。角田さんの復活物語です。

小人伝説―小さき者へ

世に「巨人伝説」は多々各分野にあって語られています。それが虚人伝説になることもしばしば見られる現象で珍しくもありません。「おおいなる者であれ」と目指すのではなく、角田さんの場合、小さき者にあり続けようとされたと思いたいのです。ルカ福音書に出てくる「貧しい人々は、幸いである」「あなたがた皆の中で最も小さい者こそ、最も大きいのである」を、彼はなにも標榜したわけでもないでしょうが、彼が歩まれようとされた姿は、まさに一労働者として地べたに暮らす生き方でした。

学生運動が下火となり、青春の挫折を味わった者の中には、シモーヌ・ヴェイユの『工場日記』に触発されて、最下層の工場労働者の中へと入っていった人もいましたが、彼の場合は、宗教的な動機や献身的な犠牲精神は感じられず、ごく自然に無産階級の一員になったように思われます。それはどこか、須賀敦子さんの小説『コルシア書店の仲間たち』の主人公、彼女の夫でもあったペッピーノと似ていないこともありません。偉ぶらず、高ぶらず、飄々として、安楽椅子に凭れながらパイプを喫っている姿は、世間と超絶した仙人というよりも、どこにでもいるような庶民のおっさんタイプでしたし、それがまた一枚の絵になるような風景に溶け合っていました。服装はぜんぜん構わなく、髪はボサボサで、松本清張を思わせるような厚い唇の赤黒さは精悍さそのものでもあり、そこにはインテリゲンチャーのひ弱さは微塵も感じられませんでした。

角田さん、私よりも一つ上だったので、当時24歳か。彼はパリに来るまで、1年間ドイツの町工場で一労働者として働いていました。その間、シューベルトの歌曲集『冬の旅』を全曲ドイツ語で暗唱していたと聞いたときは、「へえ」とびっくりしたものです。

彼とは1970年の夏ごろ、パリの日本レストラン「美津子」で出会いました。その年の4月、横浜港を出て、ナホトカ経由からシベリア鉄道でモスクワに行き、そこから目的地のパリに着いたものの、何一つあても頼りもなく、まずは職探しと見つけたところが、「美津子」でした。そこは名ばかりの日本レストランでした。日本人客はほとんどいなく、それもそのはず看板のすき焼きは、南米産の冷凍肉をスライスして、ソースで胡麻化しているような料理でした。そこの雇われマスターが、角田さん。そこのウエイターは、はるばる日本から追いかけてきた彼の恋人。そして私はなんと一応コック長という肩書。その料理たるや?想像しないほうが無難というもの。まあ、料理というよりも、材料を適当に捌き、盛り付けする程度なのですから、おこがましくもコックなんて言えるはずもありません。それでもコックの白い帽子を被ってキッチンで働いていたのですから、「事実は小説よりも奇なり」です。

仕事が終わると、よく彼の住むアパートに行っていました。そこで何をしていたかというと、将棋を指していました。彼は東大の将棋クラブに入っており、紙で作った即席の盤上でしたが、互いに譲らずの真剣勝負でした。私の実力は、小さいころに縁台将棋を見よう見ながら覚えたもので、研究したものではなかったのですが、筋が良かったのか、近所の大人を相手にしても負けませんでした。小学校4年の時、放課後担任[*1]の先生と将棋したとき、余裕をもって勝ったことなど、遠い昔の自慢話の一つです。

彼とは最初のころ互角でした。東大なんて恐れるに足らず。それがあるとき、自分が有利に駒を進めているのが分かってしまったので手抜きをしたところ、後半に逆転されて負けてしまいました。問題なのは、その後の展開です。どうしたことか、何度勝負しても勝てなくなったのです。こちらの手の内をすっかり読み取られてしまったのか、どう頑張っても負けてしまうものですから、それっきり将棋を指すのを止める始末となりました。昔々のなんということもないエピソードの一コマです。彼にしてみれば、「へえ、そんなことがあったのか」ぐらいの記憶の片隅にも残っていない出来事でしょうが、私にとっては欠かせない想い出でした。

さて角田さんから伝授されたものに、パイプがあります。彼が実に美味そうにパイプをふかせているものですから、さっそく門前の小僧よろしく真似ることにしました。最初のころは、途中でよく消えてしまったものですが、葉っぱをいっぱい詰めて、吸いなれると、1時間ぐらい持ちます。そうしてコーヒーを飲みながら読書するひと時は、貧乏な者にとって至福の時ともなりました。いつかダンヒルのパイプを買おうと、それが夢でもありました。帰国してから、ようやく手に入れたものの、パイプ煙草は体に合わないのか、喉を傷めてしまい、結局は元の木阿弥で紙タバコになってしまいました。それにしてもパイプの匂いはまた香り高く、短いお付き合いでしたが、パイプといえばどうしても角田さんのことを思い出します。

また角田さんには、いつもそばに女性がいました。決してもてるタイプではないのですが、なぜか女性の方からくっ付いてくるのでしょうか、美津子で共に働いていた女性は、彼が学生時代、「東大襖クラブ」[*2]でバイトしていたお家のお嬢さんで、その家庭教師をしていた縁で知り合ったとのこと。それが1年後、彼がパリで生活していたものですから、追っかけてパリくんだりまでやって来たのです。会っていない間、互いに文通でもしていたのでしょう、世紀のラブロマンスというほどではなくとも、はた目には随分と羨ましい限りでした。彼女はいわゆる山手出自の良家のお嬢さんタイプで、彼の生き方に共感したというよりも、彼の学歴に魅かれて一緒になっているようなところがありました。ですから、一刻も早く帰国して、まともな生活をしてほしいと望んでいたことでしょう。もとより、外から眺めているに過ぎないのであってみれば、二人の内々の気持ちや関係が分かるはずもありませんが、どこか互いにずれているのを、それとなく感じました。彼女にしてみれば、いつまで経っても埒があかない、何を考えているのかよく分からない男など、もういい加減にしてくれと思われても致し方ないでしょう。彼には一向に帰国する意志はなかったのでした。

その後、私は1年半ものパリ生活に見切りをつけ、スイスのローザンヌのイタリアンレストランに出稼ぎに行き、北ヨーロッパをヒッチハイクした後で、約半年ぶりにパリに戻ると、角田さんは引っ越ししており、労働者して場末のアパートに独りで住んでいました。中に入って泊めてもらうと、部屋には冷蔵庫が置かれていました。当時、貧乏所帯に冷蔵庫があるのは珍しかった。そこで彼は手製のマヨネーズを作って、御馳走してくれました。そこへある女性が突然現れて、一緒に食事をし、そのまま二人はベッドに入りました。こちらといえば、隣の部屋にて寝袋で寝ました。彼女は良家のお嬢さんタイプではなく、通訳の仕事をされていたのか、気さくな人柄で、気を遣うこともありませんでした。その意味では、角田さんに相応しい女性だったかもしれません。彼に対して上昇志向を期待するようでは、うまくいくはずもないのです。いったい彼は何が理由で、パリに留まろうとしているのか、それも底辺労働者として生活しようとしているのか、そのことを聞かずじまいで離れ、以降もう会うこともなくなりました。

そうそう、角田さんを通じて、高橋和巳の本を読むようになったのでした。彼の推薦本はマニアックなもので、国枝史郎の伝奇小説『神州纐纈城』、小栗虫太郎のゴシックロマン『黒死館殺人事件』、夢野久作の幻の名著『ドグラ・マグラ』など、知る人ぞ知るといった内容のものが多くありました。それらの書をパリで知り、互いに読書感想を語り合うのですから、傍から眺めれば、随分と〝おかしな二人〟だったでしょう。

高橋和巳は、当時の学生にとって、吉本隆明と並んで双璧を成すほどに流行作家でした。それだけに、天の邪鬼でもあった私は敢えて読むことをしませんでした。それが彼に紹介されて読み始めると、もうすっかりハマり込んでしまったのです。そして、日本にいる友達から何冊も送ってもらいました。帰ったら、彼の本を全部読もうと秘かに決意したものです。

今日、高橋和巳の本はまず読まれることなく、その名前もほとんどの人は知らないでしょう。まさに50年一昔、隔世の感があります。『捨子物語』『悲の器』『散華』『貧者の舞』『堕落』『憂鬱なる党派』『白く塗りたる墓』『我が心は石にあらず』『日本の悪霊』『邪宗門』など、その書名からして暗く、憂鬱にならざるをえない内容です。それを当時の若者はこぞって読んでいたのでした。私もまた少しは遅れてきた読者でしたが、高橋和巳ワールドの中で悶々と生きていたのでした。

「死ぬ間際に、彼は、顎を震わせて何かを言おうとした。女行者がそっと、やさしく、男女の性別を超えた、聖なる優しさで彼の肩を抱き、耳をその口許に寄せて、二、三度しずかにうなずいた。（中略）指導者の口が魚の呼吸のように開閉し、そしてがっくりと首を前に折った時、その女行者の口から、涙のように血がしたたり、そして噛み切られた舌の先が、ぽろりと膝の上に転がった。何のつながりあってか、どうした恩顧あってか、女行者の死は、餓死ではない。あきらかにその先達のあとを追う殉死だった」（『邪宗門』第30章「餓死」）

私という男は、今も昔も〝邪宗の徒〟であることをここに誓います。そのことは嘆くことでなければ誇ることでもありません。あるがままに、生きているだけのことです。

まどみちおの詩「もう　すんだとすれば」より抜粋。

暗いからこそ　明るいのだ　落ちていきながら　昇っていくのだ

遅れすぎて　進んでいるのだ　なんでもないことが　大変なことなのだ

角田さんとはもう50年ちかく、音信不通です。いま、どこで、どうしているものやら。茨城県土浦出身とまで記憶に残っていても、その下の名前は失念してしまいました。もしかしたら、日本に帰っていて、晴耕雨読の毎日、近所のおじさんたちと縁台将棋を楽しみながらパイプをふかしているのかも知れません。角田さんの想い出をまとめるにあたって、『星の王子さま』の最後のセリフが一番ふさわしいでしょう。

「王子さまがもどってきた、と、一刻も早く手紙を書いてください」

フランスの作家フローベルは、『ボヴァリー夫人』を書き終えたとき、こう言ったといわれています。

「ボヴァリー夫人、それはわたしだ」

＊1 担任の先生
授業中、試験の答案用紙が配られました。100点満点でした。隣の生徒の用紙をちらと見ると、10点で、悲しそうに俯いていました。すると、どういう衝動に駆られたものか、わけもなく、答案用紙を破ってしまいました。それを見て後ろの生徒が、大声を出して「元くんが、破った」と叫びました。先生から前に出るように言われると、弁明も聞かずに、思い切り殴られました。「廊下の外に出て、反省しろ」。後日放課後、先生と将棋をして勝ちました。先生、10歳の小僧に負けたものですから、黙って俯いたままでした。
＊2「東大襖クラブ」
東大襖クラブは、創部約65年以上の歴史を持つ伝統的なサークルで、主に一般家庭の襖と障子の張り替えの依頼を受けている。2020年3月末現在、部員数は約20名。参考：https://fusumaclub.com/

元先生と「益田っこ」

増野元泰

私が元正章先生（牧師）とはじめてお会いしたのが、いまから6年前の春でした。神戸の教会から日本基督教団益田教会に赴任して、我が家に挨拶に来られたのが最初でした。今まではお年を召された牧師先生と若い牧師先生が交互に着任され、あいさつ程度のお付き合いでしたが、元先生が着任されてからは、私と益田教会とのお付き合いが一変してきたのを自分自身不思議な感覚に取りつかれたように感じています。

先生が最初に我が家に挨拶に来られた時、「益田には田畑修一郎という作家がいたのをご存じですか」と問われ、たまたま私が田畑修一郎生誕100年祭に関係していたので、その時の田畑の本『鳥羽家の子供たち』と田畑の小説からヒントを得た地図を差し上げたのを覚えています。また、元先生は「自分は、この益田を終焉の地として最後まで牧師人生を送る予定である」とも申されていました。神戸で先妻をなくされ、着任2年目にして新たな伴侶もお迎えになり、この地での新たなる人生計画をスタートされたように思います。

元先生とお付き合いさせていただく中で、先生が定住をお決めになり、教会の布教のほか、精力的にいろいろな活動をされているお姿を垣間見ますと、一牧師さんとは思えないほどエネルギッシュでバイタリティーのある方であるとつくづく感じています。

もともと先生は読書家であり（ほとんどの作家は読破されている）、また、街づくりにも精通されていて教会での読書会や、夜参加できる者が集まり、お酒と料理で、くだらない話題をしゃべくりあう「ヨルダン会」、益田の観光資源の一つである雪舟庭園を「愛でる会」、また、最近では認知症カフェ「ひまわりの庭」など立ち上げ、主たるメンバーとして運営しておられます。参加者には益田市以外からも先生の活動を応援しようと駆けつける者もおり、どの会も盛況であると聞いていますし、私も一員として一部に参加させていただいています。

さて今回、元先生が益田に思いを馳せて綴られた益田教会の葉書通信「益田っこ」が110号を重ね、出版されるとお聞きし、読者の一人として大変喜ばしいことと思っています。

「益田っこ」は先生の益田市民に対する思い付きや過去の経験、益田市の身近な情報、日本や世界の政治経済の動向、風土や環境など、社会の動きを先生が感じ取られたように自由に書かれた文章で、過去の作家の言の葉や、聖書から文章を引用しながら短く綴られた共感を呼ぶ文章となっています。

益田市に職務としてアイターンを余儀なくされ、誰一人知人のいない益田市に定住を決められた一牧師の6年間の歩みが綴られた「益田っこ」を益田市に住まう者、各人が一つの道しるべとしてお読みいただけたらと一人の愛好者として望んでいます。

（追伸）益田市某町はバイタリティーあふれる元先生を自治会長に推薦し、今年で3年目を迎えます。住民として、町内に新風が巻き起こり、益田市自治会の頂に立てるよう先生の動向に期待しています。

葉書通信（月刊）「益田っこ」

澄川健治

元先生は、２０１７年4月に、神様の灯台であるこの益田教会に着任され、牧会を始められました。早いものでもう6年になろうとしています。教会を守ってくださり、日曜礼拝のメッセージを始めとする教会の公務に、また地域の方々のための活動にご尽力され、ありがたく感謝しています。飄々とした親しみやすいお人柄、試練とともに歩んで来られた長い人生経験、広い視野と学識、深く繊細な配慮をお持ちで、四方八方からの依頼や相談ごとに気安く応じられ、多忙に活動されています。そのエネルギーと行動力をありがたく思う一方、ご健康の方は大丈夫であろうかと心配もしています。

月刊「益田っこ」は、いつも今回はどんなことが書いてあるのだろうかと、興味を持って読んでいます。近況、日常を通じた数々の、目から耳から繊細に受け止められた思い、心に留められたかつての記憶、文学や詩、聖書など、これだけのたくさんのものが元先生の心の中に収められていることに驚いています。また、こうして紡ぎ出されたエッセイを読ませていただき、感動したり共感したり、人としての幅を広げることができますことを大変感謝しています。

これからもご健康に留意され、存分に活動されますことを心よりお祈りしています。

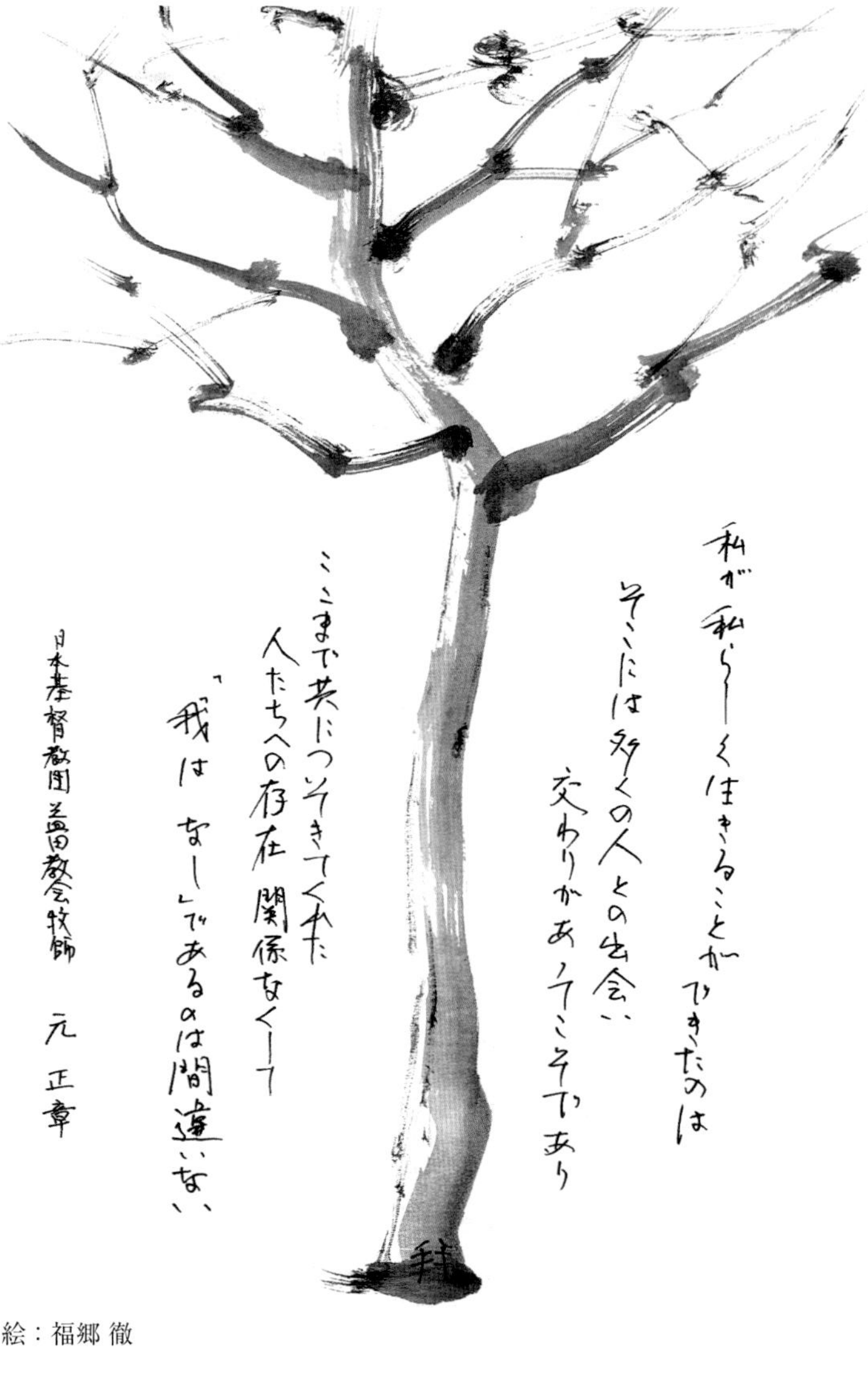
私が私らしく生きることができたのは
そこには多くの人との出会い
交わりがあってこそであり
ここまで共につきそってくれた
人たちへの存在 関係なくして
「我は なし」であるのは間違いない
日本基督教団 益田教会牧師 元 正章

絵：福郷 徹

絵：元 直子

神が置いてくださったところで咲きなさい
仕方がないとあきらめないで咲くのです
咲くということは自分が幸せに生き
　他人も幸せにすることです
咲くということは周囲の人々に
あなたの笑顔が 私は幸せなのだということを
　示して生きることなのです
神が私をここに置いてくださった
それは素晴らしいことであり ありがたいことだと
あなたのすべてが 語っていることなのです
　置かれたところで精一杯咲くと
それがいつか 花を美しくするのです
神が置いてくださったところで咲きなさい
　――ラインホールド・ニーバーの詩

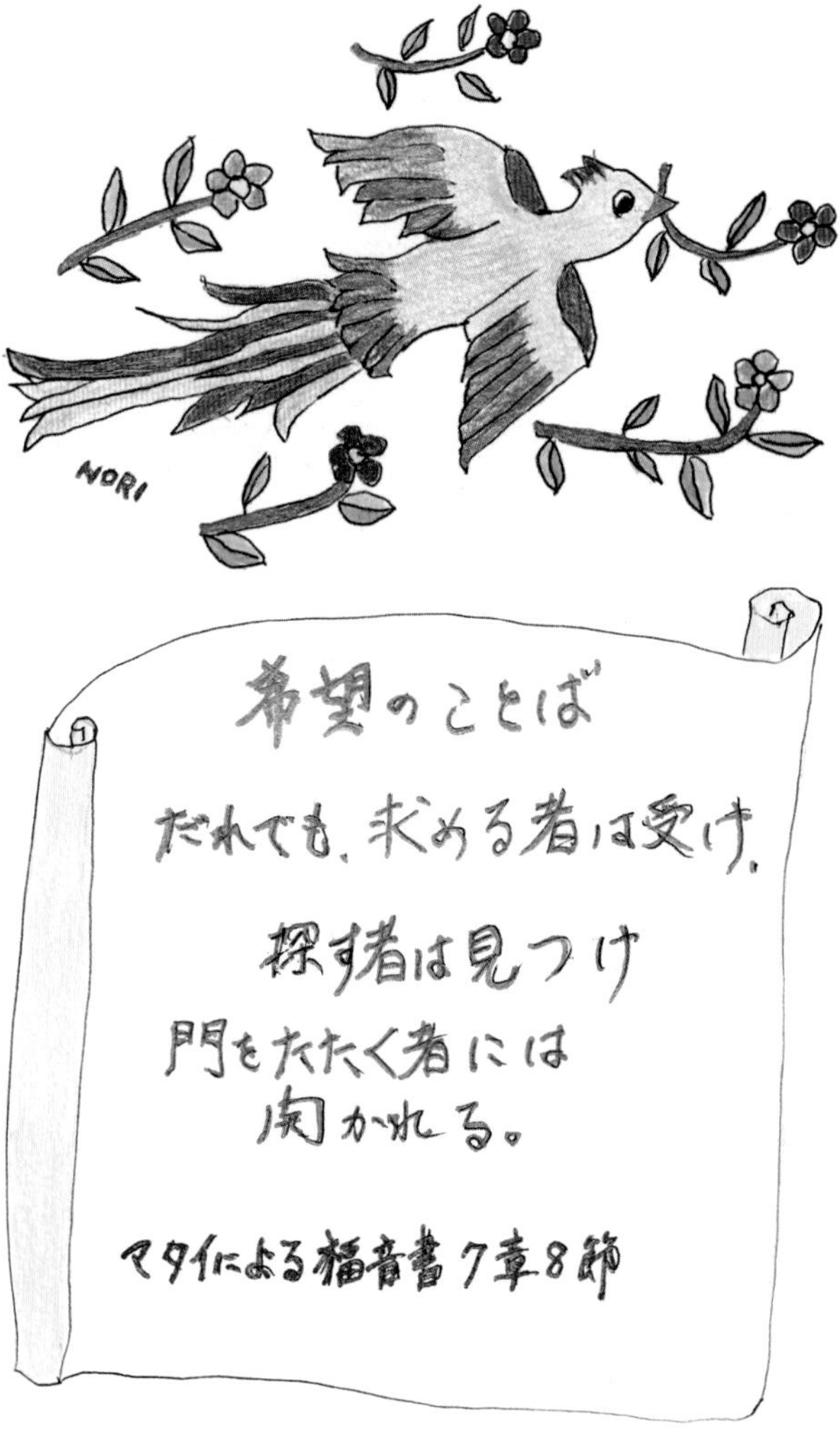
NORI
希望のことば
だれでも、求める者は受け、
探す者は見つけ
門をたたく者には
開かれる。
マタイによる福音書7章8節

絵：武藤乃り

ノアの箱船
人々の堕落
主の怒り
人々への戒め
大洪水による
粛清
箱船での再出
発
大洪水の中の
漂流
新天地での誓
いを
虹にたくす
HIROMICHI

絵：武藤博道

あとがき

牧師となって

牧師となって、はや20年の歳月が経ちました。もう20年にもなるのかと思うと、あらためて「ありがたき不思議なり」と呟きたくなる。それも人生の後半、55歳を過ぎてから牧師となり、今日なお現職として勤めているのだから、「あな不思議」ともなるであろう。それに「まあ、なんともよう言わわ」とまで形容されるのであれば、逆に自然の成り行きであったと開き直ってもよろしかろう。「こんな男だから牧師にもなれた」と、世間の牧師像をくつがえす意味では、まさに「ありがたき不思議なり」を実践してきたようにも思える。

最初、高砂の曽根教会で5年間、次に甲子園二葉教会で9年間、そしていま益田教会で6年勤め、ここを終の棲家とするべく思い決めたのだ。何がどうなって、こうなったものか、それもまた神の思し召しとでも思うほかない。

牧師になる前

大学を卒業し、2年半ものヨーロッパ放浪生活を経て帰国してから勤めたのが、南天荘書店（神戸市）であった。そこで25歳から52歳までの27年間、本屋人として働いた。若かりし頃、現役として活躍していた時が本屋であったというのが、「わが人生」の特徴であった。ロバート・フルガム『人生に必要な知恵はすべて幼稚園の砂場で学んだ』という本がベストセラーになった時があったが、私の場合、〝人生に必要な知恵〟を本屋にあって身につけた。当時は個性的な書店人が多く集まってはいろんなことを企画し、また時代の先端を面白く演出できたものであった。それだけに今日、書店業界が斜陽産業となっていることに対して、時代の変遷を嘆くばかりである。本の魅力（魔力）は変わらなくても、その流通形態やアナログからデジタルへの移行は、もう私のような昔人間の入る余地はなく、「老兵は去るのみ」である。振り返れば、良き時代に働けたものである。

アフター5も忙しく、充実していた。「六甲を考える会」という地域おこしの市民運動を起こすことで出会った人たち、それは今も人的財産となっている。やること成すことほぼすべてが実を結んでいたものであった。

しかし、「好事魔多し」のたとえの如く、市会議員に立候補し、落選してからは、それこそ「夜逃げをするか、離婚するか」そのような選択しか浮かばないような地獄を味わったものである。でもそのことが機縁となって、受洗。落選したからキリスト者となった。随分と遠回りをしたものだが、44歳の春、その日はイースター（復活日）であった。

4年後の1995年、阪神淡路大震災が起こる。教会は全壊、教会員もお一人亡くなり、当時の牧師も過労で倒れ、突然死。会社も壊滅的な被害を受ける。1999年52歳の時、関西学院大学神学部大学院入学への準備のために辞職した後に倒産。27年間お世話になった南天荘書店は、もう無い。大学院に合格したことを誰よりも喜んでくれた一人が、南天荘書店の北風社長であったことを、ここに銘記したい。その恩人も今や鬼籍となっている。

それにしても、古希70歳を迎えてからというもの、何人もの知己がこの世からおさらばしてしまった。あるいは、重篤の病に罹り、病床の身となっている。いずれ、私もそうした場に立たされることになろう。その時は、良寛さんの句「災難に逢う時節には、災難に逢うがよく候。死ぬ時節には死ぬがよく候」に倣いたいものだ。「而今《じこん》、ここを生きる」を心掛けたい。

「益田っこ」の存在意義

「さいわい住むと人の言う」この町（幸町）の住民となって6年。所詮は移住してきたよそ者であれば、この後どこまで経っても「土の人（地元の民）」にはなれないが、「風の人」として振る舞うことで、新鮮さを提供し、土と風とが一体化することで、これからの「益田の風土」を築き上げたいと願う。そこに「益田っこ」を発行する意義づけを見出したいものである。

この著を発行する時には、115号ともなっていよう。いつか現役を隠退しようとも、今後も生きている限り、「益田っこ」は継続されよう。「日本の風土」の一端をここ益田に見ても差しつかえない。高村光太郎が宮沢賢治を評して世界に顕彰せしめた次の言葉が、「益田っこ」継続の根幹となっている。「内にコスモスを持つものは世界の何処の辺境に居ても常に一地方的の存在から脱する。内にコスモスを持たないものはどんな文化の中心に居ても常に一地方的の存在として存在する」

岩手県花巻の詩人宮沢賢治は稀に見る此のコスモスの所有者であった。彼の謂うところのイーハトーヴォは即ち彼の内の一宇宙を通して此の世界全般のことであった。

賢治さんのことばがどんなに励ましとなっているものか。「益田っこ」の最初の頃は、その引用に満ちていたものであった。いま、『注文の多い料理店』の一節でもって、「益田っこ」発行の意義を証したい。なお、「益田っこ」99号にも同文を掲載している。

「ですから、これらのなかには、あなたのためになるところもあるでしょうし、ただそれっきりのところもあるでしょうが、わたくしには、そのみわけがよくつきません。なんのことだか、わけのわからないところもあるでしょうが、そんなところは、わたくしにもまた、わけがわからないのです。けれども、わたくしは、これらのちいさなものがたりの幾きれかが、おしまい、あなたのすきとおったほんとうのたべものになることを、どんなにねがうかわかりません」

「益田っこ」とは……

まことに徒然なる文章であってみれば、コラムとかエッセイと名付けるのも憚れるほどに、「ちいさなものがたりの幾きれ」としか言いようがない。形は、葉書通信。字数は30字×21行で約630字。原則として月1回発行だが、その時の興に任せて書いているので、月3回の時もある。テーマや題目はひらめきというか、その時々頭に浮かぶままに筆している。いったい誰のため、何のためにかと改めて問われれば、結局は自分のためとなるであろうが、読み手の方がそれぞれ己の人生を振り返って、自分と向き合う〝よすが〟ともなればと願っている。たとえどんなに離れてはいても、胸の中に抱いている大事な〝あなた〟へのラブレター、それが「益田っこ」である。これからも多分会うことは叶わないだろう、それでも〝あなた〟のことを想い続けている。究極のところ、〝あなた〟とは、イエス

・キリストを指す。それが私の信仰告白である。

「思はじと思ふ思ひを思ひにて　思ひ絶えせぬ思ひをぞする」

「益田っこ」（0号）に記したように、今となれば、誰の作かも分からないまま引用した句ではあるが、「思ひ絶えせぬ思ひ」を書き連ねることのできる〝さいわひ〟を、読者の皆さま、ひいては神様に向かって感謝するほかない。今日私が牧師としてここにあるのは、みな〝友〟のおかげであると言っても過言ではないのだ。友であり続けるあなたへ、老いてもなお青春の灯火を燃やし続けて、あなたの魂の奥深くに、その小さな炎を届けることであろう。

「わたしがあなたがたを愛したように、互いに愛し合いなさい。（中略）友のために自分の命を捨てること、これ以上に大きな愛はない。（中略）わたしはあなたがたを友と呼ぶ」（ヨハネ福音書一五・一二、一三、一五）

日本の原風景が今も残っている益田の地に定住することによって、魂は日本各地の故郷巡りを旅することができる、それが日本海と中山間部地帯に囲まれた山陰地方の良いところである。島根県と鳥取県は共に人口が一番少ない県に属し、政治的には選挙合区となり、少子高齢化が顕著で、いつも過疎対策が叫ばれてはいるのだが、だからこそと言うべきか、少なくともお年寄りにとっては、実に住みやすい〝さいわひの町〟ではあるのだ。そのことを「益田っこ」は実地報告していきたい。そのことで、つぎの御言葉を実証していることを表したい。皆さん、どうかご自愛くださいますように。

「求めなさい。そうすれば、与えられる。探しなさい。そうすれば、見つかる。門をたたきなさい。

そうすれば、開かれる。だれでも、求める者は受け、探す者は見つけ、門をたたく者には開かれる」（マタイ福音書七・七、八）

なお出版するに当たって、カバーを建築家の篠原享さん、挿絵を陶芸家の福郷徹さん、ＴＶ「人生の楽園」に出演された武藤博道・乃りご夫妻、妻の直子、推薦文をご近所の増野元泰さんと教会役員の澄川健治さんの協力を仰ぎました。版元は、長年の友・南船北馬舎の陰山晶平君にお願いしました。記して感謝申し上げます。

元　正章

２０２３年４月

元　正章（はじめ・まさあき）
1947年神戸市生まれ。日本基督教団牧師。
早稲田大学政経学部卒。卒業後、ヨーロッパを2年半放浪。帰国後、神戸市内の書店（南天荘書店）に勤務。併行して市民団体「六甲を考える会」代表を務め、街づくり活動に注力する。のちに神戸市議会議員に立候補するも落選。1995年の阪神淡路大震災を経て、52歳の時、書店を辞め、関西学院大学神学部大学院に進み、神学を修める。卒業後、牧師として兵庫県高砂市の曽根教会に赴任。続いて西宮市の甲子園二葉教会を経て、2017年島根県の益田教会に着任。現在に至る。

益田っこ　ありがたき不思議なり

2023年4月28日　第1刷発行

著　者　元　正章
発　行　南船北馬舎
〒658-0011
兵庫県神戸市東灘区森南町3-4-16-401
電話 078-862-1887　FAX 078-862-1888
www.nansenhokubasha.com
印　刷　有限会社オフィス泰

ISBN978-4-931246-38-6 C0095
